KB054098

자해하는 자기애

「JISHOTEKI JIKO AI」NO SEISHIN BUNSEKI
©Tamaki Saito 2022

First published in Japan in 2022 by KADOKAWA CORPORATION, Tokyo.
Korean translation rights arranged with KADOKAWA CORPORATION,
Tokyo through Shinwon Agency Co., Seoul.
Korean translation copyright ©2024 by Maekyung Publishing Inc.

자해하는 자기애

스스로를
상처 내는 사람을
위한 심리학

상드르 타부키 지음
김지영 옮김

Narcissism

생각정거장

차례

일러두기

특수한 용어의 경우 이해를 돕기 위해 편집자와 옮긴이의 주석을 추가로 삽입하였습니다.
지은이와 옮긴이의 주석은 별도로 표시하여 구분하였습니다.

1장

자신을 상처 내는
자기애

자기부정과

절망의 가속

일본 가수 타니야마 히로코谷山 浩子의 노래 중에 '남의 집 아이'라는 명곡이 있다. 내면의 아이inner child가 테마인 곡인데, 가사에 이런 부분이 나온다. 세상이 소년을 외면하고, 소년은 온 세상을 다 불태우리라 결심한다. 하지만 그 생각은 소년 자신의 마음을 다 태워버린다. 이것은 바꿔 말하면, 마음을 닫고 타인을 철저히 거부하는 사람은 자기 자신 또한 거부해야 그 상황을 간신히 견딜 수 있다는 것이다.

자기소외가 극에 치달아 일어난 가해행위. 이러한 구조를 보면 2008년 6월 8일에 일어난 '아키하바라 무차별 살상사건'

이 떠오른다. 벌써 세월이 10년 이상 흘러서 젊은 세대에게는 낯설지 모르나, 40대 이상에게는 아직도 기억이 생생하다.

이 사건은 당시 25세인 자동차공장 파견사원이 보행자 천국 이벤트가 열린 아키하바라의 도로에 2톤 트럭을 몰아 난입한 후 차에서 내려 서바이벌 나이프로 보행자, 경찰관 등 17명을 무차별 살상한 사건이다. 사건의 범인이 파견노동자였던 까닭에 노동자 문제와 관련지어 주목을 받으며 파견제도에 대해 다시 생각하는 계기가 되기도 했다.

범인의 극단적인 자기중심성이나 빈약한 현실감각이 원인이라는 의견이 오가기도 했으나 사건 전 그가 온라인 게시판에 올린 글에는 격렬한 자기부정과 절망감이 점철되어 있었다. 글 내용 중 "여자 친구가 있었으면", "(나 같은) 못생긴 사람에게 인권 따위는 없다"는 표현을 보면, 자신의 용모 때문에 이성과는 관계를 가질 수 없다고 생각하는 인셀들의 고민과 많은 부분이 겹친다.

그럼 '인셀'이란 무엇인가. 인셀이란 영어 단어 involuntary celibate의 준말로, '비자발적 금욕주의자'를 의미하는 말이다. 자신의 추한 용모 때문에 여성에게 외면당한다고 믿는 이성애주의 남성을 지칭한다. 이들은 때로 여성을 향한 증오가 격해지면 범죄행위를 일으키기까지 한다고 알려져 있다.

그렇기 때문에 인셀은 남성우월주의자 증오집단으로 인식되기도 한다. 실제로 2014년 5월 미국에서 인셀이 모이는 게시판에서 활동했던 엘리엇 로저라는 당시 22세의 남성이 총을 난사해 6명을 살해하고 스스로 목숨을 끊은 사건이 발생했다. 얼마 전 2022년 7월 8일 아베 전 총리를 암살한 야마가미 테츠야 또한 트위터에서 자주 '인셀'을 언급하며 자신을 인셀이라 인식했을 가능성이 제기되기도 했다.

아키하바라 무차별 살상사건의 범인의 의식 속에는 다른 무차별 살상사건 범인들과 공통점이 있다. 그 예로 2018년 6월 9일에 일어난 도카이도東海道 신칸센 차내 살상사건이 있다. 당시 22세였던 무직 남성이 주행 중이던 신칸센 열차 내에서 도끼와 칼로 여성 2명에게 상해를 입히고 이를 말리던 남성 1명을 살해한 사건이다. 범인인 남성은 복잡한 가정환경에서 자랐는데 이러한 환경과의 인과관계가 규명되지는 않았으나 '무기징역을 선고받아 평생 교도소에 살고 싶어' 범행을 저지른 것이라고 했다.

그는 재판에서도 '완벽하게 죽였다'고 말하는가 하면, 무기징역 판결이 내려지자 재판관의 제지에도 불구하고 만세삼창을 하는 등의 기행을 보였다. 이러한 일련의 모든 행위에 자신을 상처 내는 '자상적' 행위의 흔적이 보이는 것은 필자 한

명뿐일까. 그가 자기 자신을 괴롭히며 지내온 정황은, 정확하지는 않지만 범행 전 한때 노숙자 생활 말로에 아사를 시도한 적이 있다는 보도에서 알 수 있다. 이런 점들을 보면 역시 자기 부정적인 감정과 절망감에 시달려 온 것은 아니었나 하는 생각이 든다.

2021년 8월 6일 일본의 오다큐 전철 오다와라선小田原線 전동차량 안에서 36세 남성이 승객에 마구잡이로 칼을 휘두르고 식용유를 뿌려 방화를 시도한 사건이 일어났다. 이 사건으로 20세 여자 대학생이 중상을 입고, 총 10명의 승객이 다쳤다. 이른바 '오다큐선 살상사건'이다.

용의자는 사건 직전 신주쿠 구내의 한 식품매장에서 물건을 훔치다 적발되었다. 이 때 "나를 신고한 여성 점원을 죽이고 싶다는 감정이 생겼다"고 말했다고 한다. 또 "약 6년 전부터 행복해보이는 여성을 보면 죽이고 싶어졌다", "잘 나가는 여성이나 커플을 표적 삼았다"는 등의 진술을 한 것으로 보도되었다.

이 사건은 페미니스트 논객에 의해 '미소지니Misogyny 범죄', '증오 범죄', '페미사이드*'일 가능성이 지적되었다. 또한 이

---

* 여성female과 살해homicide를 합친 용어로, 여성이라는 이유로 살해당하는 것. 좁게는 여성에 대한 증오 범죄부터 넓게는 여성 살해를 포괄하는 개념

용의자는 이른바 인셀이 아니었나 하는 다른 관점의 지적도 있었다. 필자도 후자의 의견에 동감한다. 이 용의자가 정말 인셀이었는지 아닌지 알 수 없지만 범행 스타일이나 진술 내용을 보면 인셀적 경향을 다분히 숨기고 있는 듯하다.

반사회에서 비사회로

인셀적 성향을 가진 사람은 뒤에서 자세히 다룰 '자상적 자기애'를 가졌다고도 볼 수 있다. 간단히 설명하면 자상적 자기애는 자신을 너무나 사랑한 나머지 스스로를 보호하기 위해 자신을 상처 내는 자기애를 말한다. 다소 극단적인 예로 범죄 이야기를 앞에 소개하여 '자상적 자기애'를 가진 사람은 공격적이고 폭력적인 경향이 강할 것이라 생각하는 독자가 있을지 모르겠다. 하지만 꾸준히 지켜본 바로는 전혀 그렇지 않다.

일본을 예로 들면, 얼마 전까지만 해도 매스컴에서 젊은이의 난폭함이나 화를 참지 못하는 성향에 대해 떠들어대는 경향이 있었다. 그러나 실제 양상은 많이 다르다. 사실 시대가 흐를수록 젊은이들은 점점 온순해지는 현상을 보인다. 범죄백서 통계를 보면, 미성년 범죄율이 가장 높았던 것은 1960년이다.

최근에는 매년 촉법소년 및 불량청소년 계도 인원이 감소 추세를 보이고 범죄율은 낮아지고 있다. 통계 기준으로 보더라도 단카이 세대가 사춘기였던 1960년대의 범죄율이 가장 높다. 이들이 고령자가 되면서 폭주노인이라는 말까지 생겼다. 최근 고령자 범죄율이 증가 추세를 보이는 것 또한 이 시대의 '말썽꾸러기'스러움이 여전히 남아서가 아닐까 하는 추측을 해본다.

세월이 흐를수록 그 사회의 젊은 세대는 얌전해진다. 일본을 제외한 선진국의 살인 검거율은 20대가 압도적으로 높지만, 일본에서만은 세대 간 비교에서 20대의 살인 검거율이 30대, 40대 뒤를 이어 3위다*. 행동생태학자인 하세가와 마리코長谷川眞理子는 이 낮은 검거율 수치에 주목하며, 그 원인이 사회 변화에 따른 젊은이의 불확실성 회피에 있다고 지적한다.

이러한 성향을 전체적으로 들여다보면 이들의 약자적 본능 때문에 '반사회적에서 비사회적으로' 변화하는 양상의 추이를 가늠할 수 있다. 전공투 운동**에서 양키 문화에 이르기까지 일본의 과거 젊은이들은 사회에 반발하며 폭력과 범죄

•   1960년부터 2015년까지의 일본 경찰청 공개자료에 따른 살인사건 연령별 검거인 수(지은이)
••   전학공투회의全學共鬪會議. 1960년대 일본에 일었던 반정부 투쟁 대학생 운동권 연합조직
     (옮긴이)

를 저지르는 경향이 있었다. 그러다 전공투 운동을 하며 좌절하고 도로교통법 개정으로 양키 문화가 사그라진 이후 일본의 젊은이는 급격히 비사회화 되었다.

이것을 데이터화 해보면 은둔형 외톨이와 등교거부의 급증, 니트족*의 증가, 범죄율 저하 현상 등을 분석할 수 있고 한 발 더 나아가 비혼화 현상까지도 연관 지을 수 있다. 일본의 생애비혼율은 계속해서 빠른 속도로 증가해서 2020년에는 남성 25.7퍼센트, 여성 16.4퍼센트로 과거 최고수준에 이르렀다. "비혼화는 사회성과 관계가 별로 없지 않나?"라고 생각하는 독자가 있을지도 모르겠다. 하지만 지금 일본 사회의 남존여비적 구조 아래에서 비혼자의 사회참여가 확연하게 제한되는 경우가 종종 있는데, 이들이 결국 사회 참여를 포기하거나 사회에 등을 돌리는 등 일련의 행동에 말려들고 마는 경우가 분명히 존재한다.

● 일하지 않고 일할 의지도 없는 청년 무직자를 뜻하는 신조어

비인기와 증오

일본에서 스스로를 인셀이라 칭하는 남성은 남들 보기에 이상할 정도로 '외모'에 집착한다. 이들 대부분이 사춘기에서 청년기에 걸쳐 여성에게 무시당하는 등 상처를 입은 경험을 토로하고 있다. 이들이 품는 여성에 대한 증오심은 그 대상을 가질 수 없는 데서 오는 것이라는 뉘앙스가 상당히 풍긴다.

이들은 자신의 인셀 성향이 이미 유전적으로 정해져 있다고 믿는 경향이 있다. 보통 '스테이시stacy'라 불리는 매력적인 여성은 '차드chad'라 불리는, 금발에 근육질이며 남자다운 턱을 가진 성공한 남성에게 끌린다는 것이다. 이미 유전자적으로 차드에 뒤떨어지는 인셀에게 기회는 평생 오지 않는다. 그들 대부분의 생각이 이렇다.

인셀의 존재는 일본의 소위 '비인기남'이나 '약자남성'과 겹치는 부분이 많다. 무엇보다 이들은 '헤이트 그룹' 즉 증오 집단으로 간주될 만큼의 공격성은 별로 내보이지 않는다. 일본에서 '차드'에 해당하는 사람이라면 '파리피*'나 '웨이계**'

- 파티 피플party people의 준말. 항상 여러 사람과 어울려 신나게 즐기는 것을 좋아하는 사람들(옮긴이)
- 놀기 좋아하고 하이텐션인 사람. 환호할 때의 '예~' 하는 음절에서 온 이름(옮긴이)

등을 들 수 있다.

흥미로운 것은 일본의 약자남성이 인셀만큼 서로 연대하지 않는데다 이들이 열등감을 갖는 부분이 바로 외모가 아닌 '커뮤니케이션 능력'의 유무라는 점이다. 자기계발이나 긍정적 태도에 대해 다소 냉소적인 인셀의 특성상, 그럭저럭 여성과 잘 지내는 남성은 바로 '페이크 인셀' 즉 가짜 인셀이라고 단정한다.

이러한 경향 또한 일본의 소위 잘나가는 남성에게 '자의식 과잉남', '리얼충 자폭해라'는 등의 내용으로 야유함으로써 발현되는 내면의 질투와 비슷하다. 정말 그렇다면 앞서 말한 사건들은 1999년 집단 따돌림 피해를 당한 두 명의 고등학생이 일으킨 대량살인사건 '콜럼바인고등학교 총기난사사건'이나, 2007년 대학생활에서 고립됐던 한국국적의 남성에 의한 대량살인사건 '버지니아공과대학 총기난사사건'과도 많은 부분이 겹친다고 할 수 있다.

이제 '오다큐선 살상사건'의 용의자에게서 인셀적 성향을 간파한 이유가 이해되리라 생각한다. 다만 그 배경에 깔려있는 감정을 '여성을 향한 증오' 한 가지로 단정하기에는 석연치 않다. 여성을 향한 증오는 그들이 느끼는 증오의 극히 일부분이며 그 배경에 사회를 향한 증오, 더 나아가 자기 자신을 향한 증오(혹은 배제)가 깔려있기 때문이다.

약자남성이나 인셀이 이 세상을 증오하는 것은 어떤 병에 걸려서가 아니다. 애초에 그 사람의 마음 구조가 그런 것이다. "무슨 소리예요, 오다큐선 살상사건은 그냥 그 범인이 이기주의의 극치였던 것 아닌가요?"라고 생각하는 사람의 심정도 이해가 된다. 확실히 오다큐선 살상사건의 용의자는 자기중심적이며 제멋대로라는 점을 부정하지 않겠다. 하지만 여기에는 커다란 아이러니가 존재한다. '자신이 싫어 미칠 것만 같은 사람일수록 더 자기중심적으로 행동한다'는 것과, '지구 파멸을 바라는 인간은 곧잘 자기 자신의 파멸까지 원하기도 한다'는 사실 말이다.

무적인이 되다

통계 데이터 외에도 젊은이의 비사회화를 시사하고 있는 다양한 키워드가 있다. 1990년대 이후의 일본을 예로 들면 오타쿠御宅, 은둔형 외톨이, 프리터, 니트족, 패러사이트 싱글*, 초식남**, 워킹 푸어*** 등의 유행어가 생겼다. 모두 사회에 관여하는 것에 곤란을 느끼는 젊은이를 가리키는 말이며, 이들 키워드가 젊은이의 비사회화를 상징한다는 데에는 이의가 없을 것이라 믿는다.

앞에서 기술했던 인셀 범죄 또한 이러한 비사회화 성향에서 기인했다고 생각한다. '무적인無敵人'이라는 인터넷 속어가 있다. 위키피디아에 의하면 원래 니시무라 히로유키西村 博之가 2008년 자신의 블로그에 처음 게재하면서 알려진 용어다. 당시 니시무라 히로유키가 올렸던 글은 다음과 같다.

"본래 인간은 법에 구속되는 동시에 직장에서 쫓겨나거나 사회적 신용을 잃기에, 범죄 행위에 가담하는 것을 주저한다. 하지만 애당초 쫓겨날 직장이 없고 사회적 신용이 전무한 사람에게 구속은, 리스크가 되지 않는다. 게다가 교도소 생활도 '그리 나쁠 것은 없지 않을까'라고 느낄 정도의 환경 변화에 지나지 않는다. 그런 사람이 인터넷의 발달로 나름의 사회적 영향력을 행사할 수 있게 되면서 '내가 경찰과 많은 사람들을 우왕좌왕하게 해서 주목을 받았다'는 사실에 만족감과 성취감을 느끼는 것일 뿐이다."

글 후반에 동의하기 힘든 부분이 있기는 하다. 하지만 더 이

●　　나이가 들어서도 부모에 기대 사는 사람
●●　　초식동물처럼 온순하고 섬세함을 지닌 남자
●●●　　열심히 일해도 가난에서 벗어나지 못하는 계층

상 잃을 것이 없다는 절망감 때문에 범죄에 발을 들였다는 점을 본다면 이 '무적인'이란 말은 꽤 어울린다. 그는 2021년에 일어난 '게이오선 살상사건'을 '무적인' 사건이라고 봤다. 그는 "일본인에게는 이 사회가 나를 받아주지 않아서 자살하겠다는 핑계 섞인 원망을 받아들이는 편이 더 쉬웠겠지요. 그 결과 자살해버리겠다는 욕구의 1만분의 1 정도의 결심만으로 몇 명씩 죽이고 나서 나도 죽어버리겠다는 사람이 정기적으로 나타날 줄이야…"라는 글을 올리기도 했다. 이런 종류의 사건을 자살의 연장선상으로 인식하는 그의 생각에 동의한다.

무적인이라는 말을 만든 사람은 니시무라 히로유키지만, 사실 이 말은 2012년에 일어난 쿠로코의 농구 협박사건*이 계기가 되어 유명해졌다. 당시 위력**에 의한 업무방해죄로 체포된 와타나베 히로시渡辺博史 피고인이 재판에서 진술한 내용이 공개되었는데, 이렇게 말했다고 한다.

"나처럼 인간관계도 사회적 지위도 없고 아무것도 잃을 게 없어 범죄행위에 아무런 심리적 저항이 없는 인간을 인터넷에서는 '무적인'이라고 한다. 앞으로 일본사회는 무적인이 늘었

---

* 만화 〈쿠로코의 농구〉의 작가 후지마키 타다토시藤巻忠俊와 작품 관계자 등을 표적으로 한 일련의 협박 사건(지은이)
** 사람의 의사를 제압할 수 있는 유·무형적인 힘

으면 늘었지 줄어들지는 않을 것이다."

그의 모두冒頭의견진술 내용이 매스컴에 보도 되자 무적인이라는 말이 순식간에 퍼졌다. 일본의 수많은 젊은이가 강하게 공감을 하면서 이 단어를 반복 인용했기 때문이다. 그가 말한 내용을 보더라도 무적인의 의식 속에는 강한 열등감, 더 나아가 자상적 자기애가 존재하고 있음을 알 수 있다.

이러한 열등감은 은둔형 외톨이나 니트족뿐 아니라 내향적이고 고립되기 쉬운 젊은이에게서 종종 볼 수 있는 자의식과도 상통한다. 대부분이 자기를 '찐따*', '아싸**'라는 말로 너무 쉽게 자기비하 해버리는 이유다. 객관적으로 그리 추한 모습이 아닌데도 왜 스스로 그렇다고 믿는 것일까.

- 어수룩하고 찌질한 사람, 타인과 잘 어울리지 못하는 사람을 뜻하는 비속어
- ** '아웃사이더outsider'의 약자로 혼자 노는 사람, 즉 무리에 어울리지 않고 혼자 지내는 사람이라는 뜻

:

지구 파멸을 바라는 인간은

곧잘 자기 자신의 파멸까지 원하기도 한다.

사람을 궁지로 몰아넣는

'자기책임'이라는 규범

대개 이들은 사소한 계기로 자신을 커뮤니케이션 약자라고 규정해버린다. 여기서 중요한 점은 '약자라는 점'이 반드시 피해자 의식으로 연결되지는 않는다는 것이다. 그 이유의 하나로 현대 사회의 보이지 않는 적을 들 수 있다. 니트족이나 워킹 푸어들을 옥죄고 있는 적은 이미 자본가나 정치가와 같은 개인의 얼굴을 하고 있지 않다. 고통의 원흉은 신자유주의라고 하는 이름의 '시스템'이다. 막연하게 이미지화 되어있는 이 시스템은 그들에게 '자기책임'이라는 규범을 요구한다.

젊은이들은 자기책임을 자진하여 내면화한다. 또 그것이

내면에서 다시 그들을 괴롭힌다. 자기책임을 달성하지 못하고 사회에 악영향을 끼치는 추한 존재라는 그들만의 자의식, 즉 본인이 피해자가 아닌 가해자라는 생각은 더욱 강해질 것이다. 이들이 제아무리 궁지에 몰려도 데모에 참가하거나 세상을 바꾸려는 의식을 갖기 힘든 이유는 자기 자신을 피해자로 인식하지 않는 데에 있다.

이렇게 이들은 자신의 존재 의의를 잃고 "무엇을 위해 살고 있는 걸까", "내 삶에 의미가 있기는 할까" 의문을 던지며 답을 찾지 못한다. 저서 《빈곤에 맞서다》(2009, 검둥소)에서 노숙자 지원 활동가인 유아사 마코토湯浅誠는 이러한 의식 상태를 '자기 자신의 배제'라 부른다.

이들이 되도록 건강한 자기중심성을 가졌으면 한다. 건강한 자기중심성은 '긍정적 피해자 의식' 같은 말로 바꿀 수도 있다. 긍정적인 피해자 의식은 어려운 상황이나 힘든 상태를 온전히 자기 자신 탓으로만 생각하지 않는 것이다. 근본적인 사회 시스템을 비판하거나 잘못된 시스템을 그대로 방치하는 정치가를 탓하는 식의 자기중심적 사고이다. 건강한 자기중심성을 갖는 것이 실제로 얼마나 어려운 일인지는 잘 알고 있다. 그 이유는 필자가 '은둔형 외톨이' 전문가이기 때문이다.

은둔형 외톨이의 자의식

필자가 진료하고 있는 20~30대의 남성 은둔형 외톨이 중에는 지속적으로 자기 자신에게 심한 욕설을 하는 사람이 상당히 많다. "나 같은 사람은 살아갈 의미도 가치도 없는 인간쓰레기다", "이런 인간은 빨리 뒈져버리는 게 나아" 등등의 말을 한다. 그렇게 생각 하는 이유를 물어보면 "내가 할 수 있는 게 하나도 없다. 나는 사회적 지위도 없을뿐더러 가치도 없다. 가치가 없는 인간은 죽어 없어져야 한다"고 답한다.

"자네는 머리가 좋고 사교성도 있어. 사회생활을 충분히 잘할 수 있을 것 같은데"하고 반응하면, 상대는 화를 내며 "그런 뻔한 거짓말을 해서 대체 어쩌자는 건가요. 사회생활이라니요, 가능할 리 없잖아요"하며 언성을 높인다. 왜 자신이 모자란 인간인지를 열심히 설명하면서 자기부정을 반복한다.

칭찬을 하면 화를 낸다. 그렇다고 해서 "맞아, 자네 말대로 자네는 이제 어쩔 도리가 없네" 하고 반응하면 불신만 키울 것이다. "정말 귀찮은 사람이군. 그냥 하고 싶은 대로 하게 놔두자…" 하고 내버려두는 건 간단하지만, 그럼 프로로서 자격이 없다. 이런 경우 정답이 있다면 이른바 아이 메시지I Message, "자네가 자기 자신을 책망하는 마음은 이해하지만 나는 그것에 동의할 수는 없네"라고 대답하는 것이다. 물론 상대가 바로 수긍하지는 않겠지만 적어도 대화를 계속할 수는 있다.

2000년대에 들어 이런 환자가 점점 늘고 있다. "나 같은 건 없는 게 더 낫다. 내가 없어져도 아무도 아파하지 않을 거야" 같은 말을 면전에서 듣는다면 보통은 그렇지 않다고 부정하고, 격려의 말 한마디라도 해주려고 애쓰기 마련이다. 하지만 이렇게 자기비하적인 발언을 아무렇지도 않게 하는 사람은 타인의 부정이나 위로, 격려를 아예 받아들이려 하지 않는다는 공통된 특징이 있다.

사실 이런 '언뜻 보아 번거롭고 부담스러운 사람'이 싫지 않다. 자신을 가장 소중히 여기는 마음 때문에 자기를 깎아 내리고 있다고 보이기 때문이다. 그래서 이들을 설득하거나 이치에 맞는 이야기로 붙들어 매려고 하지 않는다. 그냥 "그런 말은 이제 됐고, 최근에 가장 재미있는 게 뭔지 알려주게"라든지, "좀 걱정 되니까, 다음 예약 진료에도 꼭 와야 해"라고 매번 말한다. 듣는 이에 따라서는 "내 이야기를 진지하게 안 듣나? 지금 장난하는 거야 뭐야" 하며 화를 낼 수 있겠지만 신기하게도 그런 환자는 없다.

이들은 늘상 "이런 치료가 대체 무슨 소용이 있담"이라든가 "통원해도 별 의미가 없다"는 불평을 하면서도 꽤 성실하게 진료를 받으러 온다. 이런 조금은 새침한 구석에 호감이 생기기도 한다. "무의미하다면서 왜 계속해서 진료 받으러 오는건가?" 같은 짓궂은 말은 하지 않는다. 환자의 말이 아닌 행동을 믿자는 직업적 신념이 있다. 이들의 말에는 모순이 있을지언정 행동에 모순은 없다.

은둔의 계기

일본의 정신과전문의로서 오랜 기간 은둔형 외톨이를 전문적으로 진료해왔다. 은둔형 외톨이의 공식적 정의는 '정신장애가 제1의 원인이 아니며 6개월 이상 사회 참여를 하지 않은 상태'다. 현재 일본에 내각부 추계 100만 명 이상, 필자 추계 200만 명 이상의 사회적 은둔형 외톨이에 해당하는 사람이 있다고 보고 있다. 이와 함께 은둔형 외톨이 당사자와 그 보호자의 고령화도 사회 문제로 떠오르고 있다.

은둔생활이 시작되는 계기는 옆에서 보면 정말 대수롭지 않은 실패인 경우가 많다. 하지만 일단 그 상태에 접어들게 되면 본인의 의지와는 전혀 상관없이 점점 자력으로는 빠져나오기 힘들어져 몇 년, 몇 십 년에 걸쳐 장기화될 수 있다. 은둔생활을 하는 사람은 애초에 자기긍정감(자신을 있는 그대로 받아들이는 것)이 낮은 경우가 많다. 일반적으로 은둔생활이 장기화되면서 자기가치감이나 자존감이 점점 더 낮아진다. 달리 말하면 자기가치감이나 자존감이 더 이상 낮아지지 않는 경우 은둔생활이 장기화되지는 않는다고도 할 수 있다.

'은둔형 외톨이는 좁은 시야, 이상한 인지적 특성 등의 인격적 편향이 보인다'는 시각을 가진 전문가가 더러 있다. 또 이러한 점들을 감안해 은둔형 외톨이를 하나의 병적 질환으로 간주해야 한다는 주장도 있다. 하지만 30년 이상에 걸친 임상 경험으로 봤을 때 은둔형 외톨이에게 특유의 질환적 특징이 있다고 생각하지 않는다. 오히려 지금의 그들을 곤란한 상황에 처해 있는 정상인으로 간주해야 한다고 주장하고 싶다. 애초에 등교거부, 은둔형 외톨이라는 증상은 따돌림이나 집단 내 괴롭힘, 열악한 노동환경 등 '비정상적 상황'에 대처하기 위해 생겨난 '정상적인 반응'인 경우가 많기 때문이다. 어떤 가정에서 자란 어느 누구든, 언제든, 어디서든, 몇 살이든 어느 날 갑자기 은둔형 외톨이가 될 가능성은 있다.

어찌 보면 융통성이 없는 면 때문일까, 그들은 자신의 은둔생활 상태가 가족에게 지우고 있는 부담과 사회의 곱지 않은 시선을 충분히 알고 있다. 이런 상황은 당사자를 점점 강하게 자책하게 만든다. 그러다 결국 "나 같은 인간은 살아갈 의미도 가치도 없는 인간 쓰레기다"라는 말까지 내뱉는 지경에 이르게 된다. 한 번 굳어버린 심각한 자기부정 상태는 주위의 그 어떤 대처와 말로도 해결되지 않는다.

이들을 더욱 궁지로 몰아넣는 것은 '일하지 않는 자 먹지도 말라', '권리는 주장하면서 의무는 다하지 않는 자', '부모 재산을 갉아먹는 것도 모자라 이제는 나라의 복지재원까지 등쳐먹는 기생충 같은 존재'라는 식의 세상의 가치관이다. 필자는 처음부터 일관되게 이러한 가치관을 거부해왔는데, 이러한 사고가 모두 세속적이고 완고한 가치관이라는 생각 때문이다. 각기 나름의 정론이 있고 사람에 따라 논의의 여지가 있다는데에는 동의한다. 다만 이 가치관의 시점에서 바라보았을 때 '은둔형 외톨이'는 수치스러운 스티그마stigma가 된다.

스티그마란 원래 '각인'이라는 뜻이지만 여기에서는 개인에게 부여하는 사회의 부정적인 낙인이나 딱지를 의미한다. 정신질환 진단 이력이나 정신과 통원 이력, 생활보호 대상자, 장애인 연금 수급자 같은 것들은 으레 스티그마가 되어 사회적 차별을 일으킨다.

스티그마가 내면화 된 것이 '셀프 스티그마'다. 자기 자신에게 낙인, 딱지를 붙여 자신을 수치스러운 존재로 여기면서 이것이 결국 자기경멸로 이어진다. 이 의식이 너무 강하면 본인이 사회적으로 불리한 상황을 예측한다. 그것이 계속되면 사회 참여를 원하면서도 한 발짝도 나아갈 수 없는 상황까지 이어진다. 은둔형 외톨이 당사자 중 다수가 비슷한 과정을 겪는다. 이들이 외적으로 자기 자신을 비판하고 경멸하며 부정하는 것은 바로 셀프 스티그마 때문이다. 두말할 것 없이, 셀프 스티그마는 '자신을 상처내는' 자상 의식을 악화시킨다.

"은둔생활이 내 인생을 몽땅 망가뜨렸다", "나는 아무 가치도 없다", "살 가치가 없는 인생", "미래에 아무런 희망이 없다"… 계속 되풀이하는 그들의 말을 들으며 문득 알게 된 것이 있다. 이런 말의 뿌리 깊은 곳에는 '내가 무가치한 인간이라는 것은 그 누구보다 내가 가장 잘 알고 있기 때문에 타인에게까지 부정당하고 싶지 않다'는 신념 아닌 확신이 자리하고 있다. 자신의 부족함에 관해서는 누구보다도 잘 안다는 자신감에서 오는 역설적인 확신. 그래서 때때로 주위의 격려가 오히려 당사자의 화를 돋우는 역효과가 나는 것이다.

은둔형 외톨이만 이런 발언을 하는 건 아니다. 어디까지나 필자의 생각이지만 정신적 불안 문제를 안고 있는 젊은이 중에는 이런 '자기가 정말 싫은' 사람이 많은 듯하다. 아니, 젊은 층에만 해당하는 이야기가 아닐지도 모르겠다. 요즘은 '자기긍정감'이라는 용어가 인터넷, 책 제목 등에 넘쳐난다(아마존 검색 창에 입력해보고 그 물량에 주눅이 들 정도였다). 얼마나 많은 사람들이 자기긍정감을 둘러싼 고민을 하고 있는지를 보여주는 대목이다. 이를 뒤집어보면, '나는 내가 좋아'라고 솔직하게 자기 자신을 받아들이지 못하는 사람이 늘고 있다는 방증이기도 하다.

혹자는 이렇게 되물을 수 있다. 자신을 싫어하는 사람은 지금의 격차사회의 하류층(이라고 스스로 느끼는), 즉 사회의 '낙오자'들 뿐일까? 소위 말하는 셀럽이나 상류층 중에 스스로를 싫어하는 사람은 없을 것 같지만 실제로 사회적 평가가 높고 사교성도 갖췄으며 소득이 높은, 소위 '성공하여 선택 받은 사람'도 위와 같은 발언을 반복하는 경우가 있다.

⋮

어떤 가정에서 자란 어느 누구든,

언제든, 어디서든, 몇 살이든

어느 날 갑자기 은둔형 외톨이가 될 가능성은 있다.

칭찬 받아도 자신의

가치를 느끼지 못한다

    남들 보기에 성공을 거듭하며 사회적 지위, 커리어, 삶의 보람까지 모두 손에 넣은 것 같은 한 여성이 있다. 발도 넓어 사회적 지위가 높은 사람들과 자주 식사를 즐기는 등 언뜻 사교적인 성격으로 보인다. 하지만 사실 늘 자신감이 없고 자신이 한참 못난 인간이라는 생각에 사로잡혀 있다. 그런데 이 여성은 항상 사람들에게 칭찬을 듣는다고 한다. 그도 그럴 것이 일이나 외모 모두 주위의 부러움을 살 만큼 높은 수준이어서 당연하다는 생각이 든다. 하지만 이 여성은 주위 사람들의 칭찬을 곧이곧대로 받아들이기 힘들고, 아무리 칭찬을 받아도 일이며 외모에 도무지 자신감이 생기지 않는다고 한다.

그럼에도 불구하고 이 여성은 사교모임에 자주 나간다. 가장 의아한 대목이다. 정말 자기 모습에 자신이 없는 사람이라면 서로 잘 알지 못하는 사람들과 만나는 자리에 계속 나가는 것을 좋아할 리가 없지 않은가. 이 여성의 고민대로라면 "나와 어울리는 자리가 아니다", "나는 이런 자리에 있을 가치가 없다" 하며 걱정이 많을 법도 한데 사람들 앞에서는 당당하게 행동한다. 형편없는 자신감과 그에 어울리지 않는 행동, 본인은 이 모순에 대한 자각이 없다. 보다 정확히 말하면 여성은 무의식적으로 그 모순을 외면하려고 하는 듯하다. 지적 수준도 높고 충분히 논리적 사고를 할 수 있는 그가, 보통 자신이 속한 환경 속에서 채워졌어야 할 자기애가 채워지지 않은 채로 '나는 못났다'는 고민을 진지하게 계속 한다.

그 여성의 치료에 임하는 내내, 주위 사람들이 보는 그의 모습과 자신의 자아상 사이에 왜 그런 커다란 괴리가 자리하고 있는지 이해가 가지 않았다. 하지만 성장과정을 자세히 들으며 원인이 확실하게 보이기 시작했다. 그 여성은 어려서부터 지속적으로 어머니에게 부정당하며 자랐다. 칭찬을 받은 기억은 거의 없고 부정적인 말만 듣고 자라면서 스스로의 가치를 전혀 알 수 없게 됐다. 그 어떤 인정도 받지 못해, 결국 자신의 근본적인 가치를 알 수 없는 지경에 이르고 만 것이다. 다행히도 그는 지능이 높고 사교성이 좋아 빈약한 자신감에도 불구하고 열심히 노력해서 상류층에 오를 수 있었다. 하지만 그 어떤 노력의 성과물도 이 여성에게 근본적인 자신감을 주지는 못했다.

이 여성의 이야기는 필자가 치료한 다수의 케이스를 합성한 픽션이다. 다만 이 케이스 간에는 놀랄 만큼 공통된 부분이 있다. 바로 '어머니의 부정적 양육', '외모, 지위 등 스펙 최상위', '이유 없는 근본적 자신감의 결여' 이 세 가지 요소다.

성공이 자기긍정감을 가져다주지는 않는다

높은 지위나 업적을 이루어도 자신감을 갖지 못하는 경우가 꼭 여성들에게만 해당하는 이야기는 아니다. 2014년 잡지 〈BRUTUS〉의 기획으로 일본 유명만화 〈진격의 거인〉의 작가 이사야마 하지메諫山創의 인터뷰 취재를 한 적이 있다. 인터뷰 당시 상당히 인상적이었던 것은 이사야마 작가의 '자신 없음'이었다(과거 인터뷰이기 때문에 현재와 다를 수 있다). '겸손함'과는 조금 다르다. 겸손은 상당히 안정된 자신감이 뒷받침되어있다. 당시 이사야마 작가의 발언은 이만큼 성공을 이루어 낸 작가의 말이 과연 맞나 할 정도였다. 인터뷰 중에도 간간히 "정말 운이 좋았을 뿐이다", "지금도 여전히 자신은 없다"는 말을 하며 사춘기 시절부터 가지고 있는 여러 가지 콤플렉스를 밝히는가 하면, "쓸 만한 인간이 되기는 어려울 것 같다"는 확신이나 분노가 작품창작의 원동력이 되었다고 말하기도 했다. 그 외에도 "언제든 네오니트족*이 될 수 있다", "리얼충**은 되고 싶지 않다", "모모쿠로***는 좋아하지만 실제로 만나고 싶지는 않다"… 대체로 행복을 두려워하는 건 아닌가 하는 생각이 들 정도였다.

〈진격의 거인〉은 지금 전 세계적으로 1억 부 이상 판매 되었고 애니메이션, 영화로 만들어지며 여전한 인기를 뽐내는 걸작이다. 젊은 나이에 만화계의 정점을 거머쥘 정도로 성공한 이사야마 작가가 아직 이렇다 할 자기긍정감을 얻지 못하고 있다는 것은 무슨 뜻일까. 한마디 덧붙이자면 인터뷰 당시 〈진격의 거인〉은 애니메이션으로 만들어지고 판매 부수도 2,000만 부 이상인 대히트작이었기 때문에 이제 막 데뷔한 작

---

* 취업하지 않고도 충분한 수입을 얻을 수 있는 사람(옮긴이)
** SNS등의 온라인이 아닌 현실 속 인간관계나 취미에 충실한 사람(옮긴이)
*** 여성 4인조 아이돌그룹 모모이로 클로버 Z의 준말(옮긴이)

가의 '자신 없음'은 아니었을 것이다.

자살한 작가나 예술가는 많이 있었고 창작가 중에 그런 사람이 그리 드문 건 아니지 않느냐는 사람도 있을 것이다. 이 부분에 대해 말하자면 길어지기 때문에 아주 간단하게 짚고 넘어가겠다. 우선 자살관념과 자기긍정감의 결핍이 반드시 일치선 상에 있는 것은 아니다. 과연 자살한 세 작가 아쿠타가와 류노스케芥川 龍之介와 다자이 오사무太宰 治, 미시마 유키오三島 由紀夫는 '자신감 없고 나약하기만' 했을까?

일반적으로 자살은 불안정한 충동이 행동화한 것인데, 이 사야마 작가의 '자신 없음'은 상당히 안정되고 흔들리지 않는 상태였던 것으로 기억한다. 이런 타입, 즉 '상업적 성공으로도 극복되지 않는 자신감의 결여' 상태인 작가는 서브컬처 영역에 특히 많다. 지금은 일본을 대표하는 영화감독이 된 안노 히데아키庵野 秀明, 록 밴드 '신세이 카맛테짱神聖かまってちゃん'의 노코 등등 많은 이름이 떠오른다.

옆길로 새버렸지만 정리하자면 이렇다. 사회적 지위나 성공 등 자기긍정감의 든든한 반석이라 할 수 있는 일반적 요인 안에서도 불확실성이 존재한다. '죽고 싶다'든가 '사라져버리고 싶다'는 말로 SOS를 보내는 경우와는 다르게, 이들은 자기부정적 발언을 계속함으로써 지속적으로 자신에게 상처를 준다. 마치 말로 하는 자상행위 같은 것이다. 이들은 분노나 불안, 과도한 긴장이나 우울함으로부터 자신을 지키기 위해 스스로를 상처 내는 것은 아닐까. 자기를 부정하는 말을 자신에게 던짐으로써 간신히 자신을 지켜내고 있는 것은 아닐까. 재차 그런 생각을 하게 된다.

다시 말하지만 이들은 자신이 못난 인간이라는 것을 누구보다 잘 알고 있다는 '자신감'이 있다. 그렇기 때문에 그 자신감마저도 상처입고 싶지 않은 것이다. 자기애가 약한 게 아니라 오히려 강하다고 해야 맞는 것이 아닐까. 그렇다면 이들이 뱉는 말은 결국 자상행위를 통한 자기애의 발로가 아닌가.

이러한 생각이 드는 이유는 이들이 주위사람들에게 자신이 어떻게 보이는지에 대해서나 자기 자신에 대해 끊임없이 생각하고 있기 때문이다. 그렇게 계속 타인과 비교하면서 '나는 못났다', '○○보다도 가치 없는 인간이다'라는 식으로 스스로 상처를 주고 괴롭히는 생각을 멈추지 않는다. 이렇게 자기 자신에 대해 끊임없이 생각한다는 것은, 부정적이기는 하나 어떤 의미에서 자기에게 강렬한 관심이 있다는 얘기다. 이것이 자기애가 아니면 무엇이란 말인가.

'자상적 자기애'의 발견

이 역설적인 감정을 필자는 '자상적 자기애'라 부르기로 했다. 이름이 왜 꼭 필요했는지는 이제부터 설명하겠다. 나중에 다시 기술하겠지만 이 '자기애'라는 개념은, 정신의학계의 '자기애성 성격장애narcissistic personality disorder'라는 진단명에서도 알 수 있듯 부정적인 뉘앙스를 갖는다. 그러나 본래 건강한 자기애는 자기 마음을 안정적으로 유지하기 위해서 필수불가결한 요소이다. 자기애 그 자체는 '인간이 살아가기 위한 필수조건'이라 해도 무리가 없을 것이다.

하지만 단 한 번이라도 자신이 못난 사람이라는 생각에 빠지게 되면 다르다. 타인이 그렇지 않다고 부정하는 정도로는 그생각이 쉽게 바뀌지 않는다. 오히려 그 논리를 스스로 심화한다. 등교거부나 은둔형 외톨이 문제에서도 대부분 당사자는 자기자신을 탓하는 경향이 있다. 온둔형 외톨이 중에 부모를 탓하는 사람이 더러 있지만, 그들에게 가족은 자신의 일부 같은 존재이기 때문에 이는 남보다는 내 탓의 연장선상이라고 본다.

'나 같은 것은 살아갈 의미도 가치도 없는 인간쓰레기다'라고 주장을 펴는 사람은 결국 고립되고 만다. 주위 사람이나 친구들도 처음에는 그렇지 않다고 부정한다. 그의 장점을 얘기하거나 격려해보지만 자기부정의 신념을 설득해 무너뜨리기란 결코 쉬운 일이 아니다. 어떤 말을 해주어도 반론으로 되받기 때문에 주위 사람들도 점차 골치 아파하며 멀리하게 된다. 일시적으로는 관심을 끌다가도 이를 반복하는 사이에 모두의 관심에서 멀어지는 구조다.

본인의 의지와는 상관없이 타인과 관계를 쌓지 못한다. 직장, 학교 등에서 고립되고 도움의 손길을 내미는 사람과의 관계마저도 엉망이 된다. 그러다 주위가 골치 아프고 감당 못할 사람이라고 꺼려하게 되면서, 당사자는 패배감의 악순환에 빠지고 급기야 가족과도 단절되고 만다. 그럼에도 주위 사람들이 잊지 말았으면 하는 것은 그 누구보다, 스스로 못났다고 생각하는 본인 자신이 가장 힘들다는 사실이다. 굳이 '자상적 자기애'라는 이름까지 붙여가며 주위를 환기시키고자 하는 이유는, 이러한 역설적인 자기애의 형태가 엄연히 존재하고 있음에도 놀라우리만치 사회적 인식이 없기 때문이다.

좀 더 부연하면 자기를 부정하면서 부모를 원망하고, 죽고 싶다는 말을 되풀이 하면서도 정말 죽으려는 마음은 없고, 심한 자기 부정도 모자라 타인에게까지 비판적인, 청년기라면 누구나 느낄 수 있는 지극히 자연스러운 심리 상태에 대한 이해가 충분치 않다는 생각이다.

자기중심적 행동의 이면에는 무엇이 있을까

전문가 중에도 자기 부정적 말을 곧이곧대로 받아들이거나 자기애와 자기긍정감을 혼동하는 사람이 있다. 그 예로 부모를 자기 마음대로 휘두르는 자녀를 자기애성 인격장애로 '진단'하는 전문가가 적지 않다. 이들에게는 자기중심적(으로 보이는) 행동 이면에 놀라우리만큼 강렬한 자기부정, 자기혐오가 잠재되어 있음이 아직 알려지지 않았나 하는 생각이다. 자기애 때문에 자기를 스티그마화하고, 그 스티그마화를 다시 부모 탓으로 돌려 부모에게 터무니없는 요구를 하는 행태는 마치 극단적인 자기중심적 행동으로 보이기도 한다. 이 두 바퀴는 꼬아놓은 상황 때문에 판단이 어려운 것이다.

재차 말하지만, 사춘기와 청년기에 흔히 보이는 뒤틀린 자기애와 비슷한 이 '자상적 자기애'는 흔히 생길 수 있는 감정이며 '병리'에 해당조차도 안 된다는 게 필자의 생각이다. 이를 알리고 싶은 것이 이 책을 쓰게 된 첫 번째 이유이다.

두 번째 이유는 자상적 자기애를 인식한 이후의 대응에 대해 제대로 생각해봤으면 하는 마음에서다. 자신을 지속적으로 부정하는 환자는 '대화나 행동을 예측, 가늠하기 어려워 다루기 힘든 환자'라는 인식 때문에 지원센터나 치료현장에서조차

기피하는 경향이 있다. 그런가 하면 '나는 죽는 게 낫다'는 호소를 절박한 자살관념으로 오해해 약물투여나 입원을 권하는 케이스도 있다. 하지만 자상적 자기애가 의심되는 환자의 대응에 있어 긴급성을 요하는 경우는 드물다. 그러나 그들은 '감당 못하느니 아예 상대하지 말자'는 생각으로 그냥 지나쳐서는 안 될 심각한 고통을 이면에 안고 있다.

나중에 설명하겠지만, 자상적 자기애에 가장 많은 요인을 제공하는 것은 비뚤어진 부모자식 간의 관계다. 그다음이 집단 괴롭힘을 포함한 사춘기의 피해 체험이다. 은근한 따돌림이나 괴롭힘 같은 명확한 트라우마는 없지만, 학교생활 중 서열 최하위층으로 찍혀 만성적으로 존엄에 상처를 입은 결과 자상적 자기애에 이르는 경우도 있다.

은둔형 외톨이 외에도 셀프 스티그마로 자신에게 지속적으로 상처 주는 환자가 적지 않다. 이런 경우는 겉보기에 가벼운 증상 때문에 우울증이나 조현병과 같은 명확한 진단을 내리기 어려워 정신과 진료에 한계가 있다. 그런 의미에서 자상적 자기애는 '준임상적 치료', 다시 말해 치료가 필요하다고 단정할 수는 없으나 얼마간의 보살핌과 지원이 필요하다. 이 책의 목적은 현시점에서 자상적 자기애 인식의 현주소를 밝히고 지금 줄 수 있는 다양한 처방전을 내놓는 것이다.

세 번째는 자상적 자기애 상태에 빠져버린 당사자를 향한 마음에서다. 실은 걱정이 하나 있다. 자기 내면을 끊임없이 언어라는 칼로 난도질하고 있는 사람들에게, 이 '자상적 자기애'라는 말이 또 한 번 상처를 주는 것은 아닐까 하는 점이다. 자기 자신을 열심히 깎아 내리고 채찍질과 비판을 하면서 지금의 자리까지 오른 사람도 분명 존재한다. 그런데 자기비판의 원인이 실은 자기애였다는 주장을 함으로써 무언가 부당한 상처를 받는 느낌이 들게 하는 것은 아닐까. 이 점에 대해서는 정말 미안한 마음이다. 그럼에도 불구하고 이렇게 말하는 것은 자기애가 결코 나쁜 것이 아니라는 믿음 때문이다.

다음 장에서 기술하겠지만, 자기애는 우리가 살아가는 데 있어 필수불가결한 요소이며 마음이 건강하다는 증거라고 감히 말할 수 있다. 어설픈 '자기긍정감' 같은 것보다 모두의 마음속에 내재되어 있는 진짜 '자기애'를 인정하고 그것을 소중하게 키워갈 것을 강조하고 싶다. 그리고 끊임없이 자기 자신을 괴롭히는 사람은 그 밑바닥에 깔려있는 '실은 나를 소중히 여기고 싶다'는 마음에 눈을 떴으면 한다. 더 나아가 조금 더 자기 자신을 보살펴주길 진심으로 바라는 바이다.

2장

'자기애'는
나쁜 것일까

정신의학계에서

인정받지 못한 자기애

　앞서 소개했지만 '자기애'라는 개념은 오랫동안 전통적 정신의학계에서 제대로 다뤄지지 않았다. 긍정의 의미보다 부정적 의미를 내포한 경우가 더 많았다. 그 전형적인 예로 '자기애성 성격장애'라는 진단명이 있다.

　미국 정신의학회APA에서 편찬한 진단 기준 DSM-5에 의하면 이것은 다음과 같은 인물을 가리킨다. 본인은 대단히 중요한 인물이라는 과대망상이 강하고, 별것 아닌 업적이나 재능을 스스로 과대평가하고 과시하며 주위의 칭찬을 기대하는 성향이 있다. 그런 자신에게는 무한한 성공과 권력, 재능과 아름

다움, 때로는 이상적인 사랑이 주어지는 것이 당연하다고 확신한다. 특별한 자신은 그런 자신과 똑같이 특별한 사람들로부터 인정받거나 관계를 맺는 것이 가능하고 어디를 가든 자신은 높은 평가를 받고 특별한 대우를 받은 것이 당연하다고 믿는다. 그래서 항상 태도가 건방지고 오만불손하다. 반면, 타인에 대한 공감과 배려가 없으며 자신의 목적을 위해서라면 상대를 이용해도 된다고 생각한다. 또 질투심이 매우 강하고 타인도 언제나 자신을 질투한다고 믿고 있다.

참으로 불쾌하기 그지없는 사람 아닌가. 원래 성격장애라는 진단은 '좌우간 싫은, 제멋대로인 성격'을 열두 가지 패턴으로 분류해 놓은 것이기에 아주 당연한 반응이다. 어쨌든 자기중심의 끝판 왕인 이미지의 사람을 떠올리면 이 진단명이 쉽게 이해될 것이다. 그렇지만 필자는 이 병을 진단한 사례가 거의 없다. 수십 년 전 이 진단을 내려야 하나 고민했던 사람이 한 명 있기는 했지만, 아무튼 진단 사례는 아주 드물다. 북아메리카라면 이 사례가 더 많이 있을지도 모르겠다.

현대사회의 귀족층이라고 할 수 있는 '셀럽'들 중에는 자기애성 성격장애인 사람이 있을 법하다. 주위 환경이 이러한 행동을 허용하는 경우라면 애초에 이런 환경에 적응해 살고 있는 것이기 때문에 진단 같은 건 쓸데없는 참견 아닐까. 왜냐하면, 성격장애라는 진단은 그 문제로 인해 본인과 주위사람이 고통 받는다는 전제가 있어야 하기 때문이다.

트럼프 전 대통령은 자기애성 성격장애일까

이 진단명이 얼마나 비판적으로 쓰이기 쉬운지 잘 보여주는 전형적인 예가 바로 트럼프 전 대통령의 사례이다. 2017년 미국 대통령에 취임한 트럼프가 취임 직후부터 연일 과격한 언동을 반복하며 커다란 혼란을 초래했던 사실은 유명하다. 트럼프 취임 1개월 후, 미국 정신의학회 소속 의사 등 전문가 35명이 공동 서명한 투서가 2017년 2월 13일자 〈뉴욕 타임즈〉에 게재되었다. 전문가 중 일부는 트럼프가 '자기애성 성격장애'가 아닌지 의심스럽다면서, '트럼프 대통령이 보여준 중대한 정신적 불안정 상태를 보고, 우리는 그가 대통령직을 안전하게 수행하는 것이 불가능하다는 결론을 내렸다'고 하며 자발적인 사임을 요구하는 내용이었다.

미국 정신의학회는 골드워터 규칙이라고 하는 윤리규정에 의해 '정신과의사가 직접 진찰하지 않은 공인의 정신과적 문제에 관해 직업적 의견을 말하거나 정신 상태를 논의하는 것은 비윤리적'이라고 규정하며, 위 사항을 금지하고 있다. 하지만 이 투서를 보낸 정신과의사들은 이 규정을 위반하는 한이 있더라도 목소리를 내야한다고 뜻을 모아 선언했다.

그 이듬해에는 저명한 정신과의사와 심리학자들의 공저 《도널드 트럼프라는 위험한 사례》(2018년, 심심)가 출판됐다. 이 책에서 지적하는 트럼프는 '확신범'이다. 전문가들의 이러한 투서나 출판에 대한 비판이 일기도 했지만 수많은 사람이 트럼프 지지를 철회했다. 그만큼 트럼프의 언동을 보며 위기감이 커진 사람이 많았다는 것이다.

이 사건은 트럼프에 대한 평가는 그렇다 치더라도 정신과의사가 '자기애'를 어떤 관점으로 보는지 잘 알려주는 사례이다. 결국 자기중심적 언동을 되풀이하면서도 자기반성이 없고, 자기 업적은 자화자찬하면서 자기에 대한 사소한 비판에도 격노하고 상대를 매도하며, 문제가 생기면 모든 것을 남 탓으로 돌리는 경향은 다분히 자기애적이라 평가될 만하다.

이들의 견해에 전면적인 이의를 제기하려는 것은 아니지만, 이런 고발행위가 '정신장애를 이유로 직무에서 배제하는 상황'까지 일반화하지 않을까 걱정된다. 애초에 ①비판적 문맥에서 진단명을 쓰고 있는 점 ② 진단을 이유로 부적격성을 지적하고 있는 점을 봤을 때, 일반인에게 이것을 적용하면 ①과

②는 모두 차별과 편견이다.

더구나 ②의 경우는 진단을 기반으로 앞으로 일어날 문제를 예측하고 있다. 이른바 범죄예방을 명목으로 정신장애자의 행동을 제한하는 '예방 구금'을 옹호하는 주장과 맥락이 같다. 결국 그들의 고발은 일시적으로 화제가 됐다. 하지만 트럼프 정권에 흠집 하나 내지 못하고 끝나면서, 역시 정신과의사는 정신건강 정책 분야 외의 정치에 참여해서는 안 된다는 확신만 되새겨준 일련의 사건이 됐다.

이러한 상황은 미국만의 이야기는 아니다. 일본에서도 거의 같은 의미로 '자기애'라는 말이 사용되는 경향이 있다. 문제행동을 일으킨 유명인이나 범죄자를 논평할 때 '정신장애 진단조차도 내릴 수 없을 정도의 제멋대로인 사람'이라는 꼬리표를 붙이고, 이용하는 일이 흔하다. 일본의 정신의학계에서 이런 '자기애적'이라는 표현은 자기중심적이라는 말과 거의 같은 의미로 쓰이는 경우가 많다. 서적이나 논문에서조차도 이 말이 긍정적 의미로 사용되고 있는 사례를 거의 본 적이 없다. 대개 부정적 함의로서 쓰이고 있는 것이 현실이다.

곤혹스러운 것은 은둔형 외톨이의 사례에 이 진단이 내려질 가능성이 크다는 점이다. 확실히 이들은 가족에게만은 폭군처럼 행동하는 성향을 보인다. 부모를 자기 수족처럼 부리고 심부름을 시키는가 하면 금전을 갈취해 낭비를 일삼거나, 태도가 마음에 들지 않는다는 이유로 폭력을 휘두르는 경우도 있다. 겉모습만 보면 확실히 자기중심적이다.

하지만 실제 이들을 만나 이야기를 듣다 보면 대부분 첫인상과 상당히 다르다. 이들은 그런 태도에 죄책감을 느끼고 같은 행동을 되풀이 하는 자신을 혐오하는 부분이 있다. 또 가족이나 아직 충분히 신뢰하지 않는 타인을 종종 책망하지만, 실제 자신이 한 행동에 대한 선악 구별이 가능하고 자신의 행동을 어느 정도 객관적으로 보고 있기도 하다.

그렇기 때문에 충분한 신뢰관계가 형성된 이후 이 진단을 받게 된 사례는 아직 본 적이 없다. 다방면으로 살펴보면서 이들의 치료나 지원에 관여했던 전문가의 소극적이고 부정적인 감정이 이러한 진단의 배경에 진하게 반영되어 있다는 느낌을 받았다. 그런 이유로 필자는 '자기애적'이라는 말을 사용할 때는 정말 신중하게 사용하고 최대한 긍정적 의미로 쓰려 하고 있다.

정신분석 상의 '자기애'

나르시시즘이라는 말은 아주 오래전부터 있어 왔다. 성과학자 헨리 해블록 엘리스Henry Havelock Ellis가 1898년 자위행위에 몰두하는 여성에게 '나르시스적(나르시소스 유사)'이라는 용어를 사용했고, 이것을 독일의 정신과의사 폴 네케Paul Nacke가 인용해 1899년 처음 자기애의 의미로 '나르시시즘'이라는 용어를 언급했다고 알려져 있다.

이 논문을 읽은 지그문트 프로이트가 다시 '나르시시즘'이라는 용어를 1905년 〈성욕에 관한 세 편의 에세이Drei Abhandlungen zur Sexualtheorie〉에 인용했다. 이렇게 해서 정신분석의 창시자인 프로이트는 인간심리의 설명에 나르시시즘 개념을 체계적으로 응용한 것이다. 프로이트는 '자체애自体愛', '1차적 나르시시즘', '2차적 나르시시즘'이라는 개념을 만들었는데 간단하게 설명하면 이렇다.

자체애라는 것은 자기와 타인의 구별이 안 되는 단계인 아직 태어난 지 얼마 되지 않은 아기가 자신의 신체를 향해 갖게 되는 원초적 욕구를 가리키는 말이다. 손가락을 빨거나 자신의 성기를 만지는 등의 행위가 자체애적 행위다.

'1차적 나르시시즘'은 유아가 리비도(성적 에너지)의 모두를 자기 자신에게 쏟는, 아직 타자가 존재하지 않는 단계의 자기애를 의미한다. 그런데 최근 연구에서 영유아가 상당히 이른 시기부터 외적 대상을 인식한다는 사실이 밝혀지면서 프로이트 이론의 상당 부분이 설 자리를 잃은 것 같기도 하다. 다만 영유아기에 이러한 욕망의 폐쇄를 상정하는 것은 성장 이후의 다양한 병리를 생각하면 의의가 있다는 의견도 있다. 필자 자신도 다음에 설명하려는 '2차적 나르시시즘'이 '1차적 나르시시즘'에서 파생한다는 추론이 자기애와 대상애의 다중적 구조 관계를 설명함에 있어 유리하다는 생각이다.

처음 자신을 향했던 어린아이의 리비도는 점차 타인을 향하는 애정으로 변모해간다. 하지만 어쩌다 그 대상에 환멸을 느끼게 되면 애정은 다시 자기 자신을 향하게 되어있다. 일반적으로 널리 알려진 '나르시시스트의 이미지'는 자기 자신과 연애하는 상태에 더 가깝다. '1차적 나르시시즘' 단계에는 자아와 타아의 구별이 되지 않는다. 이렇게 자기 자신을 남으로 재인식한 1차적 나르시시즘 상태에서 더 나아가, 그 타자인 자신을 사랑하는 단계를 '2차적 나르시시즘'이라 부른다.

이것은 통상 퇴행적이고 병적인 상태로 인식된다. 프로이트의 경우 꼭 그렇지만은 않다는 생각이었던 것이, 인간은 모두 이러한 구조를 가지고 태어난다고 보았기 때문이다. 하지만 또 다른 쪽에서는 조현병을 '자기애신경증'이라 부르기도 한다.

여기에는 리비도가 자신을 향하고 있기 때문에 전이가 생기기 않는다는 전제가 포함돼 있었다고는 하나, 지금에 와서 이러한 논리에 동의하는 정신 분석가는 없을 것이다. 한 가지 말해두자면, 조현병은 자살 리스크가 매우 높은 정신질환이다. 이 점을 고려하더라도 이들이 유별나게 자기애적이라고 볼 만한 근거는 존재하지 않는다.

이 책에서 말하고 있는 '자기애'는, 정확히 말하자면 '병적이지 않은 2차적 나르시시즘'이라고 할 수 있다. 조금 더 온화한 형태로 표현하면 자기긍정감, 자존감, 자기배려에 가깝다. 자아와 타아의 확실한 구별을 전제로 성숙한 자기애라는 개념은 이 다음에 다루게 될 코호트Kohut 이론에 가깝다.

이 '2차적 나르시시즘'을 병적이고 퇴행적이라 인식하는 발상 때문에 현대의 정신과 임상에서 '자기애'가 저평가 됐다고 생각한다. 그럼에도 불구하고 다시 강조하지만, 자기긍정감, 자존감 모두 다 성숙한 형태의 자기애는 우리가 살아가는 데에 있어 가장 중요한 기능을 담당하고 있다.

라캉의 나르시시즘

자크 라캉Jacques Lacan은 프로이트의 정신분석을 철학화하고 체계적으로 발전시켰는데, 자기애는 미성숙한 것이라고 단정했다. 태어난 지 얼마 되지 않은 아기는 아직 신경계의 발달이 완성되지 않아 자기와 타자의 구별이 안 되고 자기 신체의 이미지화도 불가능하다. 아기는 생후 6개월에서 18개월 사이에 비로소 거울에 비친 자기 모습에 관심을 갖기 시작한다.

그러면 아기는 어떻게 해서 거울에 비친 이미지가 자신이라고 믿게 되는 것일까. 라캉은 아기의 확신에는 반드시 어머니에 의한 보증이 따라붙는다고 말한다. 거울에 비친 자기 모습을 '그래, 그건 너란다'라는 어머니의 말이 보증해줌으로써 아기는 그것이 자기 자신의 모습이라고 인식한다는 것이다.

제각각이었던 자기 신체의 이미지가 거울 속에서 하나로 합쳐지면서 하나의 직감적 이미지를 얻게 되고, 아기는 환희를 느낀다. 그는 이러한 인식이야말로 인간의 최초의 지능이라고 봤다. 거울에 나타난 형상의 힘을 빌려 아기가 처음으로 자신의 이미지를 갖게 되는 이 시기를 라캉은 '거울단계'라 불렀다.

라캉은 인간이 애초에 '거울이라는 환상'에 지배당한다고 생각했다. 종이에 쓴 글자를 거울에 비춰보면 좌우 반전이 생겨 잘 읽을 수 없는 것처럼, 거울에 비친 자신의 얼굴에는 크나큰 '거짓'이 자리하고 있다는 이유에서다. 라캉에 의하면 인간은 거울에 비친 형상 즉, 환상(거짓)의 힘을 빌리지 않고서는 자아가 성립되지 않는다. 인간은 눈으로 자기 모습을 직접 볼 수 없기 때문에 거울에 비친 좌우 반전된 모습을 자신이라고 믿는다. 이것을 정신분석에서 '거울은 자기 반영의 도구이자 자기 소외의 속박'이라는 애매모호한 말로 형용하기도 한다.

거울의 힘을 빌려야 하는 한 인간이 '진짜 자기 모습'을 아는 것은 불가능하다. 이렇듯 거울단계는 상상계 즉 이미지, '거짓 세계'의 기원이 된다. 라캉은 자기애의 기원 또한 거울단계에 있다고 보았다. '거울 속의 자기'라는 이미지를 사랑하는 '나르시시즘'과 같다고 간주되어, 자기애는 부정의 대상이 되어왔다. 다만 좌우가 바뀐 모습의 이미지에 자신을 동일화하고 그것이 진짜 자기 모습이 아니라는 것조차 잊어버리고 마는 과정 전체가 거울단계의 자기 모습일지 모른다.

새삼스레 얘기 하자면, 나르시시즘은 원래 그리스 신화에 등장하는 미소년 나르키소스Narkissos의 이야기다. 나르키소스는 그를 사랑하는 숲의 요정 에코의 구애를 거절한다. 이 때문에 에코는 은둔해버리고 결국 소리만 남는 존재가 된다. 소년의

매정함에 화가 난 복수의 여신 네메시스는 나르키소스에게 저주를 건다. 그 저주로 인해 나르키소스는 물을 마시러 간 샘물 수면에 비친 미소년, 즉 자신의 모습과 사랑에 빠져버린다. 나르키소스는 자신과 닮은 모습에 매료된 채로 그곳을 떠날 수 없게 되고 그 자리에서 쇠약해져 결국 죽게 된다. 그가 죽은 자리에서 피어난 노란색의 꽃은 후에 수선(나르키소스)이라 불리게 되었다는 이야기다.

이 이야기의 나르키소스는 거울 속 모습이 자신이 아닌 타인이라고 생각한다. 결국 나르시시즘은 이미 진짜 자기가 아닌 '자기를 닮은 타인의 이미지'에 집착하는 것이 기원이었던 것이다. 여기서 '닮았다'라는 것에는 어떤 기준도 제약도 없다. 늘 그렇듯 닮았는지 아닌지는 순수한 주관적 판단이기 때문이다.

여기서부터 라캉은 시각 이미지에 매료되는 것을 어쨌든 나르시시즘의 작용이라고 인식했다. 거울단계에 기인한 이미지의 세계, 다시 말해 상상계는 그 시작점부터 자기애와 깊은 연관성을 가지고 있다. 늘 자기만의 상상이나 공상에 젖어있는 사람이 종종 비현실적이고 자기애적으로 보이는 이유가 여기 있다. 이른바 '오타쿠'의 부정적 이미지 또한 여기에서 유래하는 면이 있다. 단순히 접근할 문제는 아니지만, 오타쿠의

자의식 안에는 이 책의 테마이기도 한 자상적 자기애적 요소가 다분히 있기 때문이다.

'조금은 다른 자기애'

한편 누군가가 자신과 많이 닮았을 때 강한 애착을 동반하거나, 반대로 사나운 공격성을 보이는 경우가 있다. 프로이트는 이것을 '조금은 다른 자기애'라고 지적했다. 외모나 성격이 전혀 다른 사람 사이에서는 생기기 어려운 적대감이 서로 닮은 사이에서 생기기 쉽다는 것은 누구든 이해가 갈 것이다. 그것은 서로 많이 닮았음에도 아주 조금 다른 부분에 집착하여 자신이 더 우위를 점하고 싶은 감정 때문이다. 흔히 말하는 '동족혐오'에 가까운 감정이라 할 수 있다.

예를 들어 헐리우드 스캔들은 흥미롭지만 질투심이 일지는 않는다. 하지만 내 나라 사람들의 예능 스캔들은 질투나 선망 등이 담긴 시선으로 비난하거나 트집을 잡는다. 같은 민족이기 때문에 나타나는 공격성의 좋은 예라 하겠다. 그 근원에는 '내가 저 사람 입장이었다면' 하는 동일화된 상상력의 작용이 깔려있는 것인데, 이것이 바로 나르시시즘의 산물이다.

나르시시즘에 젖어 있는 사람은 환상에 빠지기 쉽다고 알려져 있다. 요즘 세상에 만연해 있는 황당무계한 음모론을 바로 믿어버리는 사람도 마찬가지로 강렬한 자기애를 가진 사람이다. 언론의 보도에나 나올 법한 사회의 통념적 이해에 나 혼자만은 빠지지 않겠다는 생각은, 자기애 그 자체다. 사람은 쉽게 자기애를 충족시킬 수 있는 방법에 매달리기 마련이다. 그 점에 대해서는 나중에 다루도록 하겠다.

자기애에 대한 라캉의 공적은, 언뜻 보아 자기애와 관계없는 것 같은 현상이나 행동에도 '자기애'가 자리하고 있음을 간파한 것이라고 생각한다. 예를 들어 어느 소설가는 개성적인 특유의 문체로 유명하지만, 대담에서 그는 '문장에 나를 드러내려는 생각이 전혀 없었는데 역시 문체가 독특하다는 말을 들으면 내심 섭섭하다'는 발언을 한다. 무방비 상태인 그의 발언을 정신분석가의 시선으로 보면 이것이야말로 전형적인 자기애의 발현이다. 물론 나쁘다는 의미는 아니다. 오히려 '무의식적으로 자기애적 행동을 하는 사람'은 타인에게 호감을 주는 경향이 있다고도 할 수 있다.

'내가 너무 싫어'라는 말을 정신분석하면

이 책에서 설명하고 있는 자상적 자기애라는 개념도 라캉의 이론 없이는 발견할 수 없었을지 모른다. 그도 그럴 것이, 남들 앞에서 '내가 너무 싫어'라는 말을 하는 사람일수록 자기애가 강하다는 역설적인 논리이기 때문이다. 당시 라캉 학파는 자기애와 '거세'의 관계를 언급하는 정도였고, 자기애의 공과 허물을 논리적으로 발전시키지는 않았다. 오히려 다수의 라카니안(라캉 연구자)이 '나르시시즘'이라는 용어를 보다 비판적인 의미를 담아 사용했다고 볼 수 있다. 특히 오컬트적, 생명론적이거나 포섭과 조화를 지나치게 강조하는 이론에 대해서는 가차 없이 비판의 칼을 들이대는 경향이 있었다.

예를 들어 라캉 학파는 융 학파의 이론에 대해 다분히 나르시시즘적인 성격이 강하다는 입장이었는데 이는 북미의 자아심리학 등도 마찬가지다. 그들은 타자의 자기애에 관해서는 한 치의 관용도 없다. 이렇게 말하는 필자도 한 때 그 통쾌함에 전율한 사람 중 하나였지만 나중에 가서야 그들의 아이러니함에 정신이 번쩍 들었다. 타자의 나르시시즘을 싸잡아 비난하는 그들의 행동이야말로, 누구보다 자기애에 푹 빠져있다는 방증이 아닌가. 혹 떼려다 도로 혹을 붙이고 돌아오는 격이다.

그들이 자기애적이라는 이유로 내친 이론가들이 오히려 약자에게 친절하고 타자를 존중하는 경우가 더 많았다.

여기에는 '자기애적 = 나쁜 것'이라는 너무도 단순한 도식적 문제가 자리하고 있다. 인간은 자기애 없이는 살아갈 수 없는 존재다. 그런 의미에서 역시 '인간은 자기애 없이는 살아갈 수 없다'는 전제 하에 자기애를 긍정적으로 재평가할 필요가 있다. 그러나 '자기애'라는 말은 부정인 뉘앙스가 강하다고 생각하는 독자가 있을 수 있다. 어쩔 수 없이 자기애라는 말이 '타인에 대한 애정'과 대립하는 느낌은 든다. 자기긍정감이나 자존감 같은 말이 더 받아들이기 쉽지 않을까. 그럴 바에야 전부 뭉뚱그려서 '애정'이라고 하면 어떨까. 그런 의견이 있을 법도 하다.

하지만 '자기긍정감'이라는 말은 의미가 좁다. 여기서는 자기부정의 요인까지도 포함하는 자기애의 다의多義적 성질이 중요하다. '애정'이라는 말은 너무 광의적인데다, 거의 자동으로 '타인을 향한 애정'이라 받아들일 가능성도 있다. 대중에게 친숙하고, 다의적이면서도 한정적이라는 점을 보더라도 역시 '자기애'라는 말의 범용성은 제쳐두기 아깝다. 그러므로 이 책에서는 계속해서 '자기애'라는 표현을 쓰려고 한다.

:

타자의 나르시시즘을
싸잡아 비난하는 그들의 행동이야말로,
누구보다 자기애에 푹 빠져있다는 방증이 아닌가.

하인즈 코헛이 보는

긍정적인 자기애

프로이트나 라캉 학파가 자기애를 부정적으로 인식한 것과는 다르게 긍정적으로 받아들인 분석가도 있었다. 에릭슨Erikson, 하트만Hartmann, 위니컷Winnicott 등이 그러한데, 내용이 많이 복잡해지므로 이 책에서는 다루지 않겠다. 일본의 분석가 도이 다케오土居健郎는 나르시시즘이란 자기애가 충족되지 않았을 경우의 병리 현상이며 자기애 그 자체는 건강한 것이라고 인식했다. 도이 다케오의 자기애 이해에 대부분 동의한다.

여기서는 하인즈 코헛의 자기심리학을 소개하고자 한다. 코헛은 건강한 자기애를 인간의 심신 건강에 있어 빼놓을 수 없는 것이라고 봤다. 그 때까지만 해도 줄곧 부정적 뉘앙스로 이해되어 오던 자기애를, 건강하고 성숙한 인간에게 없어서는 안 될 요소의 하나로 본 것이다. 필자의 자기애에 관한 생각은 상당 부분 이러한 코헛 이론에 의거한 것이다.

코헛은 1913년 오스트리아 빈의 유복한 유대인 가정의 외동으로 태어났다. 24세에 아우구스트 아이혼의 교육분석을 접하고 25세에 빈대학교University of Vienna 의과 학위를 땄다. 이후 1940년, 27세에 미국으로 이주하여 시카고대학 병원 신경과의 레지던트(연수의)와 시카고 정신분석연구소 수련을 병행하며 34세의 나이에 시카고대학 의학부 조교수가 되었다. 이어 40세에 시카고정신분석연구소 연구원이 되어 64년에는 미국정신분석학회 회장에 취임한다. 지금까지도 전 세계에 코헛 이론의 영향을 받은 이들이 많고 일본에서도 한 때 상당한 인기를 끌었다. 이전까지와 전혀 다른 새로운 치료법을 내놓은 사람은 아니지만, 자기애의 중요성을 가장 치밀하게 이론화한 사람이라 할 수 있다.

'나'와 '대상'의 바람직한 관계

코헛은 인간의 일생이 '자기애를 성숙하는 과정'이라고 했다. 건강한 자기애의 성숙에 있어 가장 중요한 것은 자신의 일부로 느낄 수 있을 만한 타자, 즉 '자기와 대상의 관계'다. 아기에게는 어머니가 최초의 중요한 '자기-타자'가 된다. 이후 성장하면서는 자신과 가장 가까우면서도 소중한 부모나 형제, 친구, 애인, 파트너, 직장동료까지 '자기-대상'이 될 수 있다. 뿐만 아니라, 재봉 인형과 같은 무생물도 '자기-대상'에 포함될 수 있다.

이렇게 아이는 '자기-대상 관계'를 통해 여러 가지 능력이나 기술을 흡수한다. 예를 들어 아기가 어머니의 능력을 보고 배우며 자율적으로 움직일 수 있게 된다거나, 자기 몸을 지킬 수 있게 되는 것 등이다. 코헛은 이러한 능력은 단순히 익명적인 지식이나 절차가 아니라 으레 속인屬人적이라고 생각한 것이다.

인간은 살아가는 동안 중요한 여러 가지 능력을 자기-대상의 관계에서 흡수하기 때문에 인간의 성장, 다시 말해 자기애의 성숙을 위해서는 다양한 대상과의 만남이 필요하다. 이렇게 능력을 배우고 흡수하는 것을 '변용성 내재화'라 한다. 식사에 비유하면 '변용'은 음식물을 소화하는 것이고, '내재화'는 소화된 음식물이 흡수되어 피와 살이 되는 것이다. 인간의 자기는 '자기-대상'이라는 음식물을 소화하며 성장하지만 그것만으로 대상이 해를 입지는 않는다. 소화 흡수라는 비유와는 다르게 실제 일어나는 것은 모방이기 때문이다.

타인의 기능을 모방 흡수함으로써 인간의 자기는 복잡화하고 한층 더 안정된 구조를 획득해간다. 코헛은 아직 발달 중인 인간의 자기는 단순한 2극구조로 되어 있다고 말한다. 2개의 극은 '향상심(야망)'과 '이상'이 있다. 야망과 이상은 같은 의미 같지만 각각 인생의 엔진과 결승점에 해당한다. 결승점이 보인다고 해서 앞으로 무작정 나아갈 수만은 없을 뿐더러 에너지만 있고 방향성이 정해지지 않으면 아무것도 할 수 없다. 야망이라는 엔진으로 이상이라는 결승점을 향하는 구조가 필요하다.

'야망'은 어머니의 무조건적 승인에 의해 자라난다. 아이가 "나는 무엇이든 할 수 있어, 난 정말 대단해"라고 과대한 자기 이미지를 내보여도 그것을 나무라거나 부정하지 않고 공감하며 다시 확인해주는 것이다. 이렇게 어린 아이의 야망은 어머니의 긍정적 반응에 의해 현실적이고 성숙한 향상심으로 점점 변화한다. 이것이 2극구조의 하나인 '야망의 극'이다.

반대로 어머니가 긍정적인 반응을 보여주지 않고 무시하거나 심하게 꾸짖는 등의 공감과는 거리가 먼 반응을 보이면, 아이는 깊은 상처를 입는다. 그것이 트라우마로 남아 결핍이 생기고 자기애 발달에 브레이크가 걸린다. 자신감을 잃는다기보다 미숙한 과대자기('대단한 나'의 이미지) 단계에서 발달이 멈추는 것이다. 코헛은 이러한 결핍이 인격장애의 원인이 된다고 생각했다. 이것이 진실이든 아니든, 이 시기의 부적절한 대응이 후에 큰 영향을 미친다는 사실은 변함이 없다.

이 글을 읽은 독자 중에는 '어머니의 존재를 지나치게 중시하는 것은 아닌가' 하는 사람이 있을지도 모르겠다. 그도 그럴 것이, 코헛 이론은 때로 나쁜 어머니 이론bad mother theory이라는 비판을 받아왔다. 이렇게까지 어머니의 영향을 크게 본다면 자식의 성장 이후 생기는 수많은 문제가 모두 어머니의 양육방침 탓으로 돌려질 수밖에 없는 것 아닌가.

그러나 이 점에 대해서는 다소 수정이 필요하다는 생각이다. 형편에 따라서는 혈연관계가 아닌 어른이라 해도 그 역할을 이행하기에 충분하다는 생각에서다. 지금의 애착이론이 그렇듯, 아이에게 있어 중요한 자기-대상은 어머니나 아버지 누가 되든 상관없다.

적당한 욕구불만의 중요성

그러면 2개의 극 중에 '이상'의 극이란 어떤 것일까. 이상의 극에 해당하는 것은 이상화 된 부모의 이마고imago*라는 것이 일반적 견해이다. 아이 안에 잠재된 이상적인 부모, 슈퍼맨 같은 전능적 이미지와의 관계를 말한다. 아이는 이 관계를 통해 인생에서 이상의 중요성을 차츰 이해하게 되고, 그 결과로 이상이 다른 하나의 극이 된다는 이론이다.

코헛은 이러한 발달과정에서의 '적당한 욕구불만optimal frustration'을 무엇보다 중시한다. 앞서 기술한 바와 같이 아이는 부모를 이상적 존재로 여기게 되지만 그러한 부모의 반응이 언제나 아이의 기대에 부응하는 것은 아니다. 아이는 이러한 사실에 욕구불만을 느끼게 되고, 그 감정이 되풀이되면서 부모라는 자기-대상을 향한 평가가 차츰 현실적으로 바뀐다. 동시에 아이는 욕구불만을 느끼는 자신을 스스로 달래는 방법을 배워간다고 코헛은 설명하고 있다. 결론적으로, 적당한 욕구불만이 다시 자기의 안정화, 성숙으로 이어지는 것이다.

'적당한 욕구불만'이라는 말은 다양한 상황에서 응용이 가

●   어린 시절 다양한 경험으로 형성된 보호자에 대한 '이미지'를 뜻하는 정신분석 용어

능하다. 특히 육아할 때나 어린 아이를 대하는 자세에 있어 하나의 유용한 방향이 된다. 예를 들면 무엇이든 아이가 원하는 대로 들어주는 것과 아이의 요구를 전면 부정하며 억압하는 것, 두 방식 다 잘못되었다는 이야기다.

아이의 입장과 부모의 사정을 모두 감안해 현실적인 타협의 선을 찾아내는 것은 양쪽 다 어느 정도 불만이 남는다. 그러나 거기서 생겨나는 적당한 욕구불만이 인간의 성장을 촉진시킨다. 아이 한 쪽만이 아니라 부모의 성숙과도 관계가 있다. 나아가 부모자식 간 관계뿐 아니라 환자와 치료자, 학생과 교사 등 모든 관계에 해당한다.

가족이 결코 줄 수 없는 기술

앞에서 미성숙한 자기는 '야망'과 '이상'이라는 2극구조 안에 있다고 설명했다. 하지만 현실세계에서 살아남기 위해서는 이것만으로 충분하지 않다. 엔진과 결승점이 인간을 움직이게 할 수는 있지만, 결승점에 도달하기까지는 다양한 기술이 필요하다. 예를 들어 어머니 같은 사람이 되고 싶다면, 우선 사회에 나가 참여하고 타인과의 소통을 거듭하면서 때로는 여러 가지 지식이나 기능을 습득해야 한다. 그러한 기술을 전해주는 것은 친구나 지인, 선배 또는 교사와 같은 자기-대상이다. 어째서 가족은 그러한 기술을 전해줄 수 없는 것일까. 그 전형적인 예로 '성애'가 있다. 성애 기술을 가족이 전해줄 수는 없다('성교육'과는 다르다). 이것은 반드시 가정 밖에서 가족 이외의 타자로부터 배워야하는 기술이다.

사람이 방 안에 은둔하는 경우, 가장 걱정되는 점이 실은 이 부분이다. 가족 이외의 타인과 접점을 가질 수 없는 환경 때문에 인생을 윤택하게 만들어줄 '기술'을 배울 기회조차 가질 수 없는 것이다. '인터넷에서 배울 수 있다'고 생각하는 사람이 있을지도 모르고, 또 그런 형식을 빌려 채울 수 있는 부분이 있기는 하다. 필자의 걱정은 여기서 설명하고자 하는 기술이 단순한 지식이나 수단과는 다르다는 생각에서 출발한다.

코헛의 이론을 바탕으로 생각한다면 야망, 이상, 기술 세 가지 모두 속인적인 것이라는 가정 하에 내재화되어야 한다. 결국 이들 모두가 관계성 안에서만 성숙하고 발현될 수 있다는 이야기다. 최근 팬데믹을 겪으면서 대인 간 교류의 기회가 대부분 온라인으로 숨었다. 가족 이외의 인간관계가 이전과는 비교할 수 없이 거리가 생겨버린 지금이라 더더욱 '역시 코헛이 옳다'는 생각을 떨치기 힘들다.

가족 이외의 대인관계

필자는 처음부터 '가족 이외의 대인관계가 없는' 인간의 성숙이란 불가능하다는 생각을 갖고 있었다. 그렇다고 해서 꼭 '인간은 모름지기 성숙해야 한다'는 것은 아니다. 성숙 없이도 함께 살아갈 수 있는 사회야말로 정말 좋은 사회다. 다만 그런 사회는 성숙함으로 얼마든지 피해갈 수 있는 고통이 즐비할 것이라 생각한다.

오랜 기간 은둔에서 헤어 나오지 못한 사람이 성숙과 거리가 멀어 보이는 것은 바로 '가족 이외의 대인관계가 결여됐기' 때문이다. 이 미성숙 상태가 당사자에게 고통을 주는 것은 아닐까. 은둔 상태라는 사실 자체를 문제시하거나 환자 취급을 하는 것은 옳지 않다. 하지만 그것과는 별개로 다음에 기술할 내용에서 이 관점을 조금 더 유지하고자 한다.

다양한 자기-대상으로부터 많은 기술과 기능을 모방, 흡수함으로써 자기 구조는 복잡해지고 안정된 형태로 변해간다. 이 안정된 상태를 코헛은 '융화된 자기'라 불렀다. 물론 이것이 최종적 완성형은 아니다. '융화된 자기'는 하나의 시스템이 되어 주위 사람들과의 관계를 통해 타자의 기능이나 기술까지도 흡수해 안정 정도를 한층 더 높여간다. 이렇듯 동적이면서도 복잡한 안정 상태가 '융화된 자기'라는 것이다.

코헛에 의하면 자기애 발달의 가장 이상적인 조건은 청년기나 성인기를 보내는 동안 자기를 지속적으로 지지해줄 대상이 존재하는 것이다. 특히 청년기에는 단 한명이라도 무조건적 지지를 해주는 사람의 존재가 중요하다. 이러한 대상 없이 자기애를 건강하게 성숙, 성장시키는 것은 어렵기 때문이다.

여기서 주의해야 할 것은 '무엇이든 인정해주는 대상'이 중요한 것이 아니라는 점이다. 인정과 칭찬을 해주면서도 때로는 비판적인 조언도 아끼지 않고 통합적으로 수용하는 존재여야 한다. 예를 들어 '절친한 친구'나 '은사님' 같은 대상이면 좋을 듯하다. 대상과의 상호작용은 쌍방 간의 자기애를 성숙시켜주기도 한다.

'단 한명이라도'라는 표현을 썼지만 이러한 대상은 될 수 있는 한 많았으면 한다. 쿠마가야 신이치로熊谷晋一郎의 명언 "자립이란 의지할 곳을 넓히는 것이다"에서 한 수 배워 말하자면, 자기애의 성숙이란 좋은 '자기-대상'을 늘려가는 것이라 할 수 있기 때문이다. 물론 수가 많을수록 무조건 좋다는 말은 아니지만, 안정이라는 관점에서 생각했을 때 자연스럽게 자기-대상은 다수인 편이 더 좋다.

코헛은 이러한 인식을 치료에도 적용한다. 그는 정신분석

에 의한 치료의 본질을 '성숙한 성인 수준의 자기와 자기대상
의 공감적 조화를 확립하는 것에 있다'고 보았다. 이것은 곧 앞
에서 기술했던 '융화된 자기'의 이미지다. 이 이미지를 기초로
자상적 자기애의 구조에 대해 조금 더 자세히 살펴보자.

:

'적당한 욕구불만'이

다시 자기의 안정화, 성숙으로 이어진다.

살아가는 데 있어

반드시 필요한 자기애

은둔생활을 하는 사람은 '살아갈 의미가 없어 죽고 싶다'는 말을 자주 입에 담는다. 일반적으로 이것은 자살관념에 해당하기 때문에 곧바로 입원해 치료를 시작해야 하지만, 적어도 필자는 그렇게 하지 않는다. 이들의 '죽고 싶다'는 말은, 대개 '죽고 싶을 정도로 힘들다'는 뜻이거나 '너무 고통스러워서 잠시나마 의식을 잃고 싶다'는 정도의 의미이기도 하다.

그나마 다행스러운 것은 이들 대부분이 자신이 하는 말처럼 자살시도까지는 하지 않는다. 물론 은둔형 외톨이가 자살하지 않는다는 이야기는 아니다. 자살관념을 내비치는 사람의 수에 비하면 직접 실행에 옮기는 사람은 매우 적다. 그 이유는 무엇일까. 이들의 자기애가 아직 '건강'하기 때문이라고 생각한다.

정말 자기애가 파괴되면 사람은 아주 쉽게 죽음에 다가간다. 우울증이나 조현병의 자살률이 높은 것은 그 증상은 물론이거니와 자기애가 심하게 파괴됐기 때문이다. 자기애가 건강한 사람이라면 고통 끝에 괴로워 '죽고 싶다'는 생각이 들어도 그리 쉽게 죽지 않는다. 은둔형 외톨이의 자기애가 그런 의미에서는 건강하다고 할 수 있다. 그래서 이들이 자살하는 빈도는 자살관념의 수에 비해 비교적 적은 것이다. 만일 '자살관념 = 자살'이라면, 당사자가 호소했을 때 강제로라도 입원 치료에 곧장 들어가지 않으면 위험하다. 하지만 필자는 은둔형 외톨이 당사자에게 '죽고 싶다'는 말을 들었다고 해서 바로 입원수속을 밟거나 하지 않는다.

자상적 자기애 또한 엇비슷하기는 하나 딱히 병적이라 단정할 수 있는 감정이 아니다. 그 미묘한 차이에 대한 설명은 여러 가지가 있겠으나, 가장 가깝게는 '자존심은 강하지만 자신감이 없다'는 말이 적당한 것 같다.

자신감과 자존심은 같은 것 아닌가? 하는 의문을 품는 독자도 있겠지만, 이는 엄밀히 말해 서로 다르다. 여기에서 말하는 자신감이란 현재의 자기 자신에 대한 무조건적이고 긍정적인 감정을 말한다. 자존심이란 '이러한 나 자신'을 향한 고집과 집착이다. 정신분석학에서 자신감은 '이상 자아', 자존심은 '자아 이상'으로 불리기도 한다. 이 두 가지는 서로 양립하는 경우도 있지만 대개 상관관계의 역방향에 놓이기 쉽다. 자신감 있는 사람이 자존심에 연연하지 않거나, 자존심이 높은 사람이 실은 자신감이 없는 경우가 많은 것처럼 말이다. 다만 양쪽 모두 고갈되면 자기애가 무너져간다는 의미에서 위험한 징후로 볼 수 있다.

자존심은 강하지만 자신감이 없다

은둔형 외톨이 중에는 '자존심은 강하지만 자신감이 없는' 사람이 특히 많다. 이들이 병원 진료나 지원센터의 상담을 원하지 않는 것은 대부분 강한 자존심 때문이다. '내 정신은 멀쩡하다', '지원센터의 도움을 받는 한심한 짓은 하고 싶지 않다'는 자존심이다. 반면 이들의 자기평가는 대단히 낮다. 자신감이 없는 것이다. 현재의 자기 모습에 자신감이 없을수록 내 자신이 원하는 자기 모습(자존심)에 매달린다.

그래서 이들은 사회적 지원과의 연결이 늦어지기 쉽다. 그렇다고 해서 이들이 강하게 자존심을 부리는 것에 화를 내며 "현실을 좀 봐", "쓸데없는 자존심은 버려", "분수에 맞게 굴어라"와 같이 비난하는 것은 백해무익하다. 총체적인 자기애를 고려했을 때, 이들은 고갈된 자신감을 강한 자존감으로 채워 필사적으로 버티고 있는 것이다.

이런 관점에서 보면 안이하게 '자존심만 너무 강하다'고 판단하거나 '자기애성 성격장애'라고 진단하는 것은 더 이상 하지 말아야 한다. 당사자를 위한다는 명목으로 '콧대 높은 자존심을 눌러 꺾어서' 결과적으로 자기애에 크나큰 상처를 입혔을 가능성이 있기 때문이다.

다시 말하지만 자상적 자기애의 핵심 구조는 '강한 자존심과 약한 자신감' 사이에 생기는 격차다. 이들은 자존심, 즉 이상적인 자기 이미지의 요구 수준이 너무 높아 현실의 자기를 부정할 수밖에 없다. 하지만 그런 자기 모습을 객관화하는 것에는 누구보다 자신 있기 때문에 타인 앞에서 자기비하를 계속 되풀이하면서 '멀쩡함을 증명'하려는 것이다.

필자에게도 경험이 있지만, '자기 자신을 끝없이 괴롭히며 그것을 보여주는' 순간에 느끼는 묘한 쾌감이 있다. 여기에는 아무리 괴롭혀도 타인에게 해가 되지 않고 불만도 생기지 않는(다고 믿는) 유일한 존재가 자기 자신이라는 이유도 한몫한다. 결점도 약점도 모두 다 알고 있는 (것 같은) 존재 또한 자기 자신이다. 예리한 칼로 자신을 난도질하고 그것을 보여주며 느끼는 일시적 쾌감에는 자상행위와 동일한 의존성 내지는 중독성이 있다는 생각마저 든다.

마츠모토 토시히코松本俊彦에 의하면 자신의 몸에 직접적으로 상처를 내는 것은 죽음에 이르는 행위이지만 자살시도는 아니다. 오히려 이것은 적어도 초기 단계에서는 '죽지 않기 위한' 수단으로 인식된다. 그들은 때때로 "칼로 그으면 시원하다"고 말하는데 이 행위에는 불안과 초조, 긴장감 등에서 해방되는 순간적 효과가 있다. 그 순간에 엔케팔린이라는 진통작용을 하는 마약성 뇌 내 호르몬이 분비되어 심리적 고통까지 완화해주는 메커니즘이 작용한다는 보고도 있다.

또 주위에 자신이 고통 받고 있는 상황을 어필하고, 도움받기를 바라는 의미로 이런 행위를 하기도 한다. 다만 몇 번이고 계속해서 반복하는 사이에 주위가 무관심해지고 본인 또한 고립되면서 다시 그 고통을 해소하기 위해 또 칼로 자신을 긋고, 그것이 습관이 되는 악순환에 빠지기 쉽다. 이런 악순환이 최종적으로 자살시도까지 이르는 경우가 상당히 많기 때문에 '죽음에 이르는 행위'라 불리는 것이다.

자기부정은 인정을 바라는 호소

　칼로 긋는 행동 등이 '죽지 않기 위해' 하는 자기애적 행위라면 자기부정적 언동이란 어떤 상태의 행위일까. 자상적 자기애 역시 '죽음에 이르는 자기애'인 것일까? 그러한 위험이 아예 없는 것은 아니다. 적어도 초기단계에는 자기부정 행위가 자기애의 방파제 역할을 하게 될 가능성이 있다. 이것은 무슨 말일까.

　우선 첫 번째로, 자기부정은 자상행위와 마찬가지로 주위의 인정을 바라는 호소이면서도 의도되지 않은 원조희구 행동이라 할 수 있다. 이들이 무의식적으로 이러한 행동을 하는 이유는, 자기부정이 상대의 반발을 사고 그것에 대해 다시 본인이 감정적으로 반발하는 과정이 상대와 계속해서 '관계'를 유지할 수 있는 방법이라고 느끼기 때문이다.

　두 번째는, 자기부정이 스스로를 제어하려는 측면을 갖는다는 것이다. 이들의 자기부정은, 자신이 못난 사람이라는 사실은 누구보다 자신이 제일 잘 알고 있으며 그 누구에게도 자신을 평가할 권리를 건네지 않겠다는 의사표시로 보인다. 자신의 몸을 칼로 긋는 행위가 스트레스 대응책의 하나인 것과 마찬가지로, 자기부정에도 그러한 의미 부여가 가능하다.

부정적이기는 하지만 현상을 정확하게 인식하려는 것은 자기를 적절하게 제어하고자 하는 시도의 첫 단계이다. 다만 본래 스트레스 해소였어야 할 제어기능이 계속해서 부정적 방향으로 흘러가버리기 쉽다는 것이 문제다.

이것은 '만능감'과 '무력감' 중 어느 쪽이 정정 가능한가 생각해보면 알 수 있다. 만능감 또는 더 나아가 전능감에 이른 자기긍정감은 객관적 사실이나 평가의 벽에 부딪히며 어쩔 수 없이 수정을 거치게 된다. 은둔형 외톨이의 만능감은 벽에 부딪힐 일이 생기지 않기 때문에 수정하기 어려운 경우가 있으나, 사회와 접점이 유지되기만 한다면 가능하다. 이는 당연한 것이다.

한편 자기부정에서 오는 무력감을 정정하는 것은 지극히 어렵다. 만능감도 무력감도 자기애적 환상에 지나지 않는 개념이지만, 만능감은 앞서 기술한 바와 같이 수정될 기회가 많은 반면 무력감은 그런 기회가 거의 오지 않기 때문이다. 개인의 무력감을 어떻게든 바꿔보고 싶다면 주위의 칭찬이나 긍정적 평가를 통해 무력감을 수정해야 한다. 하지만 주위의 긍정적 평가는 본인이 상호작용을 하지 않으면 그걸로 끝인데다, 주위 사람이 언제나 호의적일 거라는 보장도 없다.

다시 말해, 만능감은 그 본질이 개방적인 환상이라 수정의 기회가 있지만 무력감은 철저히 폐쇄적 환상이어서 수정이 대단히 어렵다. 자상적 자기애 역시 이러한 폐쇄성이 있다. 때문에 이를 가장 단단한 자기애로 해석할 수 있는 것이다. "나는 정말이지 쓸데없는 인간이야"라고 '확신'하는 사람이 자기 자신과 화해한다는 것은 싸움으로 멀어져버린 타인과 관계를 회복하는 것보다 훨씬 더 어렵다. 그런 사람일수록 "본인은 누구보다 본인이 제일 잘 안다"는 상투적인 말을 믿어버리고 타인의 설득에는 절대 귀를 기울이지 않기 때문이다. 이런 상태로 자기의 또 다른 모습을 찾아내 그것을 인정한다는 것은 참으로 지난한 일일 것이다.

누구든 빠질 수 있는 '뒤틀린 자기애'

그렇다면 문제는 자상적 자기애라고 하는 자의식의 상태가 어떤 문제를 일으키는가 하는 것이다. 다시 말하지만 이것은 '질병'이 아니다. 누구든 빠질 가능성이 있는 '뒤틀린 자기애'다. 그러나 이 상태가 장기간에 걸쳐 계속되면 갖가지 폐해로 이어질 수 있다.

그 폐해 중 하나가 인간관계 문제다. 자상적 자기애에 빠져버린 사람은 다양한 대인관계 문제를 안게 된다. 심한 자기비하 때문에 사람들과 멀어지는 경우가 그 전형적인 예라 하겠다. '나같이 못난 사람과 만나주는 게 너무 미안하다', '상대에게 민폐가 될 것이 틀림없다', '잘 나가는 사람과 만나면 더 비참해질 뿐이다'라는 이유로 동료, 친구관계에서 동떨어지거나 가까운 사람과 일부러 거리를 두는 경우다. 그도 그럴 것이 내 앞에서 자기비하나 자기비판을 계속 되풀이하는 사람과는 어떻게 해서든 거리를 두고 싶은 것이 인지상정 아닌가.

자기비판을 되풀이 하는 사람일수록, 자기와 타인을 매번 비교하거나 자신의 가치에 대해서 계속 걱정하게 된다. 특히 '자신에 대해 끊임없이 생각하느라 바쁜' 의식 상태에 빠지기 쉽다. 자기 자신에 관한 예사롭지 않은 이러한 관심 때문에 필자가 이를 '자기애'라 부르는 것이다. 자기비판적인 사람일수록 타인의 호의나 애정에 둔감하기 쉽고, 설령 호의를 알게 되더라도 그것을 스스로 부정해버리곤 한다.

그래서 타인을 사랑하거나 좋아하게 되는 것이 한층 더 어려워진다. 사회적인 성공을 손에 넣었음에도 자상적 자기애를 앓고 있는 여성을 몇 명 알고 있다. 이들은 미인인데다 총명한데도 모두 한결같이 '자신이 인기가 있음'에 놀랄 만큼 둔감하거나 무관심했다. 이런 성향은 이미 상당히 일반화되었다고 생각한다.

이것과는 모순 되게, 자상적 자기애에 빠진 사람이 타인의 호의를 과대평가해 그 상대에게 강한 집착을 보이는 경우도 있다. 특히 이성관계에 있어서 '나 같은 사람을 사랑해주는 귀중한 존재'인 상대에게 과도하게 집착해서, 상대가 자신의 기대에 응해주지 않으면 오히려 과격한 공격성을 보이거나 스토커 양상의 행동에 빠지고 마는 경우도 있다.

자상적 자기애자와 가족

자상적 자기애자의 가족관계는 일반적으로 양호하다고 말하기 어렵다. 대부분이라고 할 수는 없지만 가족을 강하게 원망하는 경우가 비교적 많다. 자신의 못난 부분이 부모의 잘못된 양육에 기인한다고 믿을수록 그러한 성향이 강해진다. '이런 나를 낳은 부모', '이런 나로 키운 부모'에게 전적인 잘못이 있다고 믿어 가정 내 폭력으로 발전하는 경우도 있다.

반면 이들은 가족이 자기 자신의 일부라는 관념이 있다. 그래서 자기가 가족을 공격하는 것 또한 자상행위적 뉘앙스로 받아들여 공격을 하면 할수록 자신이 비참해지는 악순환이 일어나기 쉽다.

이와는 반대로, 가족에게 심할 정도로 거리를 두는 사람도 있다. 앞서 기술했던 타인을 대하는 태도와 비슷하게 '아무 짝에도 쓸모없는 못난 자신을 먹여살려주는 부모에게 죄송한' 마음에 그리하는 것이다. 이런 상반된 태도가 똑같은 심리상태에서 나올 수 있다는 것이 의외로 알려져 있지 않다.

이런 상황에 빠지는 사람은 자신의 욕망을 계속 억누르다 결국 '아무것도 하고 싶지 않은' 무욕의 상태가 되기도 한다. 말 그대로 먹고 자는 것 외에 아무것도 하지 않는 것이다. 이런 무력감이 가장 무섭기 때문에, 그 가족에게는 당사자에게 꼭 용돈을 주라는 당부를 하고 있다. 은둔형 외톨이에게는 '돈이 곧 약'이라고 말하는 사람도 있다. 꼭 맞는 말이다. 적어도 돈은, 욕망이 완전히 마르는 것을 막아주는 힘이 있다.

자상적 자기애가 실제 죽음으로 이어질 리스크는 그리 크지 않다고 앞에서 말했지만, 자상적 자기애에서 이러한 무욕의 상태로 진행됐을 때 가장 염려되는 점이 바로 '부모 사후' 문제이다. 부모의 죽음을 계기로 새출발을 결심할 가능성이 아예 없다고 할 수는 없다. 하지만 당사자가 무욕, 무활동인 상태로 환갑을 넘겼는데 부모까지 사별한다면 그 이후의 삶이 어떻게 될지 굳이 상상할 필요가 있을까. 최악의 경우 고독사의 리스크도 있다.

이른바 8050문제°의 가장 큰 우려가 여기에 있는 것이다. 은둔형 외톨이 지원 현장에서는 지금도 부모가 죽은 이후 계속해서 혼자 은둔한 상태로, 지원센터의 방문에 문을 일체 열어주지 않는 난감한 케이스가 종종 보고되기도 한다.

자상행위가 최종적으로는 자살의 리스크를 높이듯, 자상적 자기애에 의한 무욕화無欲化, 고립화가 고독사 리스크마저 키우고 있다. 문제는 이러한 리스크를 감안해 부모와 사별한 후의 생활에 대해 생각해봐야 한다고 독려하기가 정말 어렵다는 점이다. 이들 대부분이 "부모가 죽으면 나도 죽을 거니까 괜찮아"라고 자포자기한다. 필자는 이 말의 의미를 자살 예고가 아닌 자상적 자기애의 표명으로 해석해야 한다는 생각이지만, 이런 상황까지 미리 감지해 이들을 지원 한다는 것은 무척 어려운 일일 것이다.

● 　일본의 80대 부모가 50대 미혼자녀를 돌보는 가정에서 파생하는 문제(옮긴이)

'나는 못났다'고 쉽게 생각해버리는 사람들

자상적 자기애자는 사회적으로 지극히 '정상'이며 사교적이기까지 한 경우가 있다. 적어도 여기에는 의식적인 노력과 자기평가가 낮은 사람에게서 보이는 특유의 성실함이 반영된 것이라 생각된다. 또 이들은 자신의 형편없는 자기평가 따위는 다 잊어버린 듯 즐겁게 생활할 때도 있다. 기본적으로 이들의 자기애는 검사 데이터상의 '정상범위'를 유지하고 있기 때문에 남들 눈에 행복해보이기까지 하다. 이 또한 이들 본연의 모습일진데, 때때로 이들은 '상대의 기분을 맞추려 애써 즐거운 척 하지만, 내 자신이 못났다는 사실에는 변함이 없다'는 생각을 한다.

이상하게 느끼는 점은, 심각한 자기부정적 의식을 안고 있으면서도 지극히 정상적인 사회생활을 영위하는 사람이 있다는 사실이다. 심지어 앞에서 소개했던 만화가 이사야마 하지메처럼 엄청난 대작을 만들어 낸 사람도 있다. 이것은 자상적 자기애가 당사자의 행복감을 떨어뜨릴 수는 있지만 의외로 욕망이나 생산성에는 별다른 해를 주지 않을 가능성이 있다는 말이기도 하다. 사실 우리 주위에 자상적 자기애로 고민하는 사람이 상당히 많이 잠재할 것이다. 여기서 문제는 겉으로는 꽤나 건강한 생활을 보내고 있는 사람조차도 이러한 자의식에서 벗어나지 못할 수도 있다는 점이다.

또 한 가지 문제는 자상적 자기애는 양육환경이나 트라우마에 기인한다고 단정하기 어려워서 인생의 어느 시점에서 생길지 모른다는 점이다. 쉬운 예가 있다. 은둔형 외톨이가 오랜 은둔생활에서 오는 심한 퇴행의 결과로 자상적 자기애 문제를 안게 되는 경우다. 이것 말고도 집단 괴롭힘 피해를 입거나 학교의 스쿨카스트* 최하층 낙점을 받거나 존엄에 상처를 주는 환경의 직장에 다니거나 등등, 오랜 기간에 걸친 열악한 환경과의 상호작용으로 인해 자상적 자기애는 얼마든지 생길 수 있다. 이것에 관해서는 다음 장에서 조금 더 자세히 다뤄보고자 한다.

• 　일본 학교 내에서 인기도 등에 따라 나뉜 계급 구조

3장

자아 찾기에서
'좋아요' 찾기로

'내가 싫어' ≠

자기혐오

지금까지의 내용을 보고 "거창하게 자상적 자기애는 무슨, 그냥 자기혐오 아니야?" 하고 생각하는 독자도 있을 것이다. '자상적 자기애 = 자기혐오'는 아니다. 적어도 이 부분은 일부러 구분해 사용하려고 한다. 우선 자기혐오에는 '자기애'라는 요소가 들어있지 않다. 강조하고 싶은 것은 자신을 심하게 매도하는 동기가 바로 자기애라는 이 역설이 단순히 '자기혐오'라는 말로는 전달되지 않는다는 것이다.

일본의 젊은이들은 '자기혐오'라는 말을 잘 쓰지 않는다. "내가 싫다"는 표현을 사용한다. 같은 말 아닌가? 답은 '아니다'이다. 여기에도 미묘한 차이가 있다. 어디까지나 주관이지만 '자기혐오'라는 말은 다분히 부분적이다. 어쩌다 실수를 저질러 버렸을 때 일시적으로 자신이 싫어지는 느낌이다.

한편 '내가 싫어'라는 말은 상당히 무거운 표현이다. 언제 어디에 있든 '나라는 존재'를 용서할 수 없는, 그런 감정에 가깝다. 자기라는 존재의 일부를 부정하는 것이 '자기혐오', 자기 자신을 통째로 부정하는 것이 '내가 싫어'다. 이 점에 대해서는 독자의 의견과 크게 다르지 않을 거라 생각한다.

그런 이유에서 자기혐오는 그냥 자기혐오일 뿐이다. 어느 순간 마음 깊은 곳에서 진절머리가 나는 감각. 그렇기 때문에 누군가가 다독여주면 위로가 되기도 한다. 하지만 '내가 싫어'는 어떤가. 누차 말하지만 이런 감정 상태에는 자기애가 뿌리 깊이 자리하고 있다. 꼬인 감정 때문에, 타인의 격려와 위로를 자신의 존재를 부정하는 것으로 받아들여 오히려 화를 낸다.

이런 특이한 자기애라는 감정은 비교적 최근 들어 생긴 것으로, 정신질환의 형태에까지 영향을 미친다. 실제로 중증의 우울증이나 정신분열증 같은 전형적인 정신질환 환자는 현저히 감소하는 추세이지만, 비특이적인 '자상적 자기애' 상태의 환자, 질병 진단을 받기에는 증상이 비교적 가벼운 '무증상 subclinical' 환자는 계속 늘고 있다.

참고로 자상적 자기애는 은둔형 외톨이뿐만 아니라 자상 행위나 섭식장애, 대인공포 등등 그 표현이 아주 많다. 은둔형 외톨이를 대표적인 예로 드는 이유는, 필자가 그 분야의 전문가라는 점도 있지만 은둔형 외톨이에게서 나타나는 자상적 자기애의 구조가 당사자에게는 아주 심각한 고충이라는 데에 있다. 또 일반적인 고충과는 다르게 타인과 공유하기 어렵다.

'내가 싫어'라는 고민은 좀 더 개인적이고 내재적인 문제다. 빈곤이나 부모와의 불화, 배우자에 대한 불만 같은 고민은 공감이나 공유가 쉽지만, '내가 싫어'는 어떤가. 친구에게 '내가 싫어'서 힘들고 괴롭다는 고충을 털어놨는데 "맞아, 나도 네가 싫어"라든가, "맞아, 사실 나도 내 자신이 싫단다"와 같은 답을 듣고 웃어넘길 수는 없다.

그래서 배려심이 많은 사람일수록 그 사람을 칭찬하거나 장점을 들어가며 기분을 북돋우는 등의 대응을 하는 것이다. 그 결과는 앞에서 기술한 대로 당사자의 분노를 살 뿐이다. 공감의 여부를 떠나, '내 자신이 싫다'는 고민은 그 사실을 고백한 당사자를 힘들게 하는 지경까지 몰아붙이는 아주 고약한 문제다.

거기다 이런 고민은 곧잘, 나를 좀 봐달라는 단순한 '관종(관심 종자)' 취급을 받기 때문에 문제의 심각성이 표면화되기 어렵다. 의료계 종사자는 그나마 좀 낮지만 생각보다 많은 사람이 잠재적인 '자상적 자기애' 문제를 안고 있을 것으로 보고 있다. 하지만 이 고민은 어디까지나 개인적이기 때문에 공공연하게 알리기 힘들다. 그러면 대체 언제부터 이런 상황이 생긴 것일까.

전후 정신사의 추이

이것에 대해 검토하려면 조금 돌아가더라도 전후 정신사, 그 중에서도 자의식의 변화를 더듬어 볼 필요가 있다. 대략적이긴 하지만 전후 정신사를 다섯 단계로 구분해보았다.

1960년대	▶	신경증의 시대
1970~1980년대 중반	▶	조현병의 시대
1980년대 후반~1990년대 전반	▶	경계선 성격장애의 시대
1990년대 후반~2000년대 중반	▶	해리의 시대
2000년대 후반~현재	▶	발달 장애의 시대

구체적인 연대 구분에 관해서라면 필자 자신도 복잡 다양한 해석을 갖고 있으므로 꼭 이렇다고 단언할 생각은 없다. 여기서 중요한 것은 신경증 → 조현병 → 경계선 성격장애 → 해리 → 발달 장애로 이어지는 질환 이름의 변천 순서다. 이 점에 관한 한 정신의학적으로도 이견이 많지 않을 것이다.

물론 "섭식장애가 없다", "은둔형 외톨이는 어디에 빠트렸나", "현대사회는 치매의 시대가 아니었나" 등의 의견이 있을 수 있다. 하지만 그 시대를 상징하는 병이 무엇이냐는 질문에 크게 벗어나는 답은 없다는 생각이다. 이 책에서는 1990년 이후를 집중적으로 들여다보고자 하는데, 여기 거론된 질환들은 그 시대가 요구하던 '바람직한 자기 이미지'와 상반된 모습을 상징적으로 보여준다는 데에 그 의미가 있다.

• 1960년대: 신경증의 시대

사회학자 오사와 마사치大澤真幸는 1998년의 저서 《전후 일본의 사상공간》(2010, 어문학사)에서 70년대 초반까지를 '결여의 시대'라 불렀다. 단적으로 이 시기는 물질적·경제적 결핍이 사람들을 움직이게 했던 시대라 할 수 있다. 사람들은 한 치의 의심도 없이 이상적인 자기는 물질적 충족이 있어야 달성할 수 있다고 믿었다. 이러한 욕망이 없었다면 고도성장기와 같은 특이한 시대를 떠받치기 힘들었을 것이다.

이 시대를 상징하는 질환은 흔히 노이로제라고 불리는 '신경증'이다. 신경증은 내성적인 자기의식과 욕망의 불합리에서 느끼는 고통에 의해 생긴다. 여담이지만 라캉 학파의 논리상, 신경증은 인간의 정상적인 존재의식 중 하나다. 반성하고 갈등하는 존재야말로 인간이라 할 수 있다는 것이다.

• 1970~1980년대 중반: 조현병의 시대

물리적 결핍이 삶의 중대사가 아니었던 이 시대를 오사와 마사치는 '결여 부재의 시대'라 불렀다. 물질적 결핍이 충족되어가면서 허망한 물욕의 추구는 끝을 맺고, 그 유례가 없을 만큼의 정신적 충족을 갈구하게 된 것이다. 실용서나 매너 관련 책이 베스트셀러 상위를 점하고 있던 1960년대가 지나고, 돌연 1970년대에는 와타나베 쇼이치渡部昇一의《지적생활의 방법》(1998년, 세경멀티뱅크)처럼 내면 충족을 지향하는 방향으로 이상적인 자기 이미지가 옮겨갔다.

이 시대를 상징하는 질환이 '조현병'이다. 당시에는 '정신분열증'이라 불렀는데, 치료가 어렵고 만성화되기 쉬우며 내면의 변용성 측정이 불가능하다는 점에서 '정신의 암'으로 모두의 두려움을 샀다. 정신의학에서는 이 병이 궁극의 수수께

끼라는 의미에서 '숭고한 질환'으로 자리매김했을 정도이다. 환각이나 망상을 보이며 때때로 함구증, 경직, 지리멸렬한 언동에 혼미상태까지 이르는 이 질환은 그야말로 '광기'의 정형화된 이미지였다. 분열증을 자본주의 사회의 은유라고 한 들뢰즈Deleuze의 사상을 적극 받아들인 아사다 아키라淺田彰가 '스키조(분열증)와 파라노(망상증)'라는 용어를 유행시키는 등, 이 질환은 적잖은 오해를 양산하며 80년대 초반까지 그 시대를 상징하는 질환으로 남았다.

내면의 충족이 가장 이상적이라 생각하는 시대에, 이 질환은 궁극의 파탄 양상을 보였지만 다른 차원의 세계로 비상하고 싶은 사람들의 기대가 담겨 있기도 했다.

• 1980년대 후반~1990년대 전반: 경계선 성격장애의 시대

이후 서서히 '경계선 성격장애 시대'로 이행한다. 이 시기에 최고로 융성했던 개념은 '아이덴티티(자기동일성)'다. 자기동일성이란 시간의 경과에도 불구하고 자신의 과거와 현재, 미래는 동일하다고 생각하게 되는 경험 또는 사실을 가리킨다. '이것이야말로 나 자신의 모습이다'라고 말할 수 있는 사회적 위치, 주체성 또는 독자성, 과거로부터의 연속성이 중요하다. 이 개념을 창시했던 정신과의사 에릭 에릭슨Erik H. Erikson

은 아이덴티티 획득을 청년기의 중요한 발달과제로 여겼다.

1980년대 후반, 경계선 성격장애 시대는 내면 충족 그 이상의 '자아 찾기'를 요구했다. 경계선 성격장애란 정신질환이라기 보다는 성격장애, 다시 말해 '편향적 성격'에 해당한다. 경계선 성격장애의 특징을 간단히 묘사하자면 '대인관계에 있어 섬세하고 불안정하면서도 활동적인 사람'이다.

경계선 성격장애를 설명할 때마다 다자이 오사무太宰治를 인용하는 이유는 다자이라는 사람 자체보다 《인간실격》을 비롯한 그의 작품 속에 그려진 인물이 그야말로 경계선 성격장애의 전형을 보이기 때문이다. 이해 불가능할 정도로 상태가 나쁘지는 않지만 극도로 섬세한 탓에 일상적으로 대하기에 어려움을 느끼는 사람을 말한다.

경계선 성격장애 병리의 기본 원리를 아주 간단히 설명하면 '분열(멜라니 클라인Melanie Klein)'이다. 여기서의 분열은 조현병과 관계가 없다. 부연하자면 사물을 흑과 백으로 나눠 생각하는 이분법적 사고를 말한다.

그레이존gray zone을 허용하지 않는다는 의미에서 이것은 미성숙한 사고방식의 하나다. 이러한 사고 패턴이 강한 사람은 대인관계를 '적 아니면 아군'으로 나누기 쉽고, 적이라 생각하는 상대에게는 공격적이다. 반면 아군이라 판단되는 상대는 절대화시켜 숭배하고 전적으로 의존하는 성향을 보인다. 하지만 내 편이라고 생각했던 사람도 어느 순간 자신의 뜻과 어긋난 언동을 조금이라도 보이면 손바닥 뒤집듯이 적대적으로 변해 공격의 대상으로 삼는다.

이보다 더 한 문제는, 이들이 상대에게서 느끼는 분노의 감정을 때때로 상대에게 투영하는 것이다. 자신이 상대에게 화를 내고 있는 것인데 역으로 상대가 자신을 공격하려고 한다는 망상적 확신을 하는 경우가 생긴다. '투사적 동일시'라 부르는 심리 메커니즘이다. 사람중독이라 불릴 정도로 대인관계에 의존하는 데 반해 실상은 대단히 불안정한 인간관계를 갖는다. 이러한 성향은 이들의 대인 평가의 변동 폭이 극심한 이유이기도 하다.

한 가지 덧붙이자면, 여기서 설명하는 '분열'이나 '투사적 동일시'는 일반인에게서도 종종 볼 수 있는 심리적 메커니즘이디. 나와 가까운 배우자나 부모에 대해 강한 분노나 증오를 느끼는 경우가 그렇다. 경계선 성격장애는 우리와 전혀 연관이 없는 '질환'이 아니다. 경계선 성격장애라는 것은 이러한 문제들이 거의 일상적인 상태로 굳어진 사람에게 내려지는 진단명이다.

경계선 성격장애의 또 한 가지 특징은, 자신의 불안정함과 괴로움을 이해하려고 심리학이나 정신분석에 대해 공부하려는 사람이 많다는 것이다. 공부에서 끝나지 않고 우수한 치료자를 찾아 닥터 쇼핑을 계속하는 환자가 적지 않다. 하지만 여기서도 이들의 극단적 대인평가가 문제가 된다. 좋은 치료자를 발견했다는 생각이 들면 그 치료자를 숭배, 의존하면서 일시적으로 상태가 안정된다. 그러다가도 치료자에게 사소한 오해가 생기거나 불만을 감지하게 되면 이전까지의 존경심이 분노와 원한으로 반전되어 치료자를 맹공격하다 그 결과 치료를 중단하고 또 다시 다른 이상적인 치료자를 찾아 헤맨다.

대대적인 심리학 대유행

여기서는 '사회적 심리학 현상'에 대해 약간의 해설을 붙여보고자 한다. '심리주의화'라고도 불리는 이 현상은 1980년대부터 1990년대에 걸쳐 일본뿐 아니라 전 세계를 휩쓸었다. 우리가 살고 있는 사회나 인생에 관한 문제(특히 범죄)의 대부분이 심리학적 관점으로 해석되며, 개인의 행복 추구나 '자아 찾기'에 대한 답마저도 심리학에서 찾을 수 있다는 기대감이 널리 공유된 것이다. 참고로 여기서 단어 '심리학'은 '정신의학'

과 거의 같은 의미로 쓰이고 있다. 이 부분에 관해서는 2009년에 출간한 필자의 저서 《심리학화 하는 사회心理学化する社会》에서 자세히 검토할 수 있으므로 관심 있는 독자는 참고하길 바란다.

이러한 풍조 아래, 범죄의 원인을 트라우마나 발달 장애와 같은 개인의 심리 안에서 찾으려는 현상이 생겼다. 정치 문제까지도 정치인의 심리적인 문제로 인식하게 되었다. 미디어가 다양한 방면에서 심리학자나 정신과의사의 의견을 요구하면서 정신과의사가 매스컴에 자주 등장하기도 했다. 이것 또한 그 이전 시대에서는 볼 수 없었던 현상이다.

베스트셀러 순위만 보더라도 1990년대는 상당히 특이하다. 1990년대 베스트셀러 1위는 《자, 가자×코코로지それいけ×ココロジー*》(1991년)이다. 니혼테레비 계열의 방송프로그램을 서적화하여 당시 심리학 대유행을 선도하기도 했다. 이 책은 출연자의 심리 테스트 결과로 정신분석을 해봄으로써 심층 심리를 해명해보자는 취지의 내용이다. 같은 해 임상 심리학자 가와이 하야오河井隼雄의 저서 《마음의 처방전こころの処方箋》 역시 10위 안에 들었다.

●　cocology, 일상적인 멘탈 문제를 케어, 상담해주는 플랫폼의 이름(옮긴이)

이 시기 이후 어느 서점을 가더라도 반드시 심리학서 코너가 마련되어 있었다. 또한 대학의 심리학과 경쟁률은 수험생 수의 감소 추세에도 불구하고 계속해서 높아졌다. 당시 인재채용 회사의 설문 조사에서 여고생들의 직업 선호도 2위가 '카운셀러'일 정도였다. 카운셀러와 임상심리사는 당시 젊은이들이 선망하는 직업이 되었다.

이 시대를 대표하는 키워드 '트라우마', '스트레스', '컬트', '치유', '에콜로지(생태학)', '번뇌', '프로파일링' 등은 여기서 말하는 심리학 현상과 깊은 연관성이 있다. 당시 예술 분야 역시 '트라우마'가 대대적으로 유행하는 양상을 보였다. 작품을 일일이 나열할 수는 없지만 소설이나 영화, 음악에서 스토리의 진행상 트라우마는 필수 요소가 되어갔다. 헐리우드 영화의 심리학화 현상은 크리스토퍼 놀란의 걸작 〈다크 나이트〉(2008년)가 그 숨통을 끊을 때까지 멈추지 않았다.

이후 심리학화 현상은 예술 분야에서의 활용이 차츰 줄어드는 한편, 학술 분야에서는 확고한 지위를 확립했다. 심리학화 현상은 오늘날 미디어에서 '뇌과학'이라는 간판을 달고 연명하고 있다. 2000년대 이후의 '뇌과학' 유행의 정체는 심리학 유행과 거의 다를 바 없다. 사용되는 전문용어가 다른 것과 자기계발 취지가 한층 강화되었다는 점만 빼면 그 내용은 거의 같다.

초기에 사람들이 추구했던 것은 심리학적인 의미의 '아이덴티티의 확립'이었다. 이것이 세속적으로는 '자아 찾기'의 욕망으로 이어지며 그 답을 찾는 학문으로서 심리학 유행이 사회를 휩쓸었다. 이 유행은 또 다른 면에서 심리학이나 정신의학에서는 구제받기 어려운 '경계선 성격장애' 환자를 낳게 되었지만, 심리학의 인기가 급격하게 사그라짐과 동시에 경계선 성격장애의 사례도 서서히 감소해 갔다.

실제 임상에서 경계선 성격장애 사례가 감소했는지는 알수 없다. 적어도 필자가 알고 있는 임상 현장에서는 경계선 성격장애 환자와 만나는 경우가 매우 줄어들었다. 다른 임상전문가도 같은 의견이다.

해리의 시대

'경계선 성격장애 = 분열'의 시대가 종언을 고한 이후 도래한 것이 해리解離다. 알기 쉽고 간단하게 해설하려다 보니 부분적으로 세밀함이 부족한 부분이 있음을 우선 양해해주기 바란다.

해리란, '억압' 등과 같은 방어기제의 하나로, 강한 트라우마나 스트레스로부터 자기 마음을 지키려고 하는 메커니즘이다. 한마디로 정리해보자면 인간의 마음에 있는 시간적·공간적 연속성이 절단되는 현상이라 할 수 있다. 해리도 억압이나 분열과 마찬가지로 마음의 건강한 기능 중 하나이다. 실연이나 부모의 죽음 같은 갑작스럽고 커다란 상실을 체험하면 뇌는 인간의 감각을 일시적으로 마비시킨다. 마음에 감각적인 벽을 세움으로써 고통을 해제시키고 마음이 그 사태를 시간을 들여 서서히 받아들일 수 있도록 '해리'를 일으킨다.

록 콘서트나 게임 등 어떤 것에 몰두하는 체험의 와중에도 해리는 종종 일어난다. 소음을 차단하고 시야를 좁혀 눈앞의 작업에 몰두하는 것은, 감성이나 지성의 벽을 세워 작업의 효율을 올리고자 하는 이유에서다.

정신요법의 하나인 '최면'은 인공적으로 해리를 일으키는 기법이다. 종교를 통해 느끼는 황홀한 체험 역시 해리 현상의 하나로 추정하고 있으며, 컬트 등의 마인드 컨트롤도 해리 상태를 인공적으로 끌어내기 위해 동원된 다양한 테크닉의 집적이라 할 수 있다.

해리가 자기 통제권을 초월해 생기는 질환이 바로 '해리 장애'다. 예를 들어 감각 단계에서 해리가 생기면 자신이 느끼는 것이 전혀 현실감을 동반하지 않게 되는데, 이것은 '이인증'이라 불리는 증상이다. 또 해리가 기억 단계에서 일어나면 '해리성 건망'이 생긴다. 가장 중증 상태는 '전생활건망증'이라는 것인데 이것을 흔히 기억상실이라고 부른다. 자기 이름이나 생년월일은 물론 지금까지의 인생의 기억을 통째로 잊어버린다. 이 때 잃는 것은 적어도 개인적인 기억이며 '의미 기억', 즉 일반적 지식이나 상식은 그대로 유지하고 있는 경우가 많기 때문에 일상생활에 지장을 주지 않는다.

해리를 대표하는 질환이라고 하면 다중인격, 정확히 말해 '해리성 정체장애'를 들 수 있다. 이것은 해리 현상이 인격 단계에까지 미친 나머지 하나의 신체를 다수의 인격이 공유하는 상태를 말한다. 인격의 수는 수 명에서 수십 명에 이른다. 인격들은 각각 다른 이름과 기억을 갖고 연령과 성별도 제각각이다. 인격 간에는 지각이나 기억의 칸막이가 있어 어떤 인격이 취한 행동이 다른 인격의 기억에는 없는 경우가 많다.

이 질환의 원인으로 유아기의 학대를 비롯한 심각한 트라우마를 꼽는다. 학대와 같은 극심한 스트레스를 경험하면 아동은 하나의 다른 인격을 생성해 '지금 겪는 괴로움은 내가 아닌 다른 아이가 경험하고 있는 것'이라고 느끼며 자기 체험을 전가함으로써 스스로 마음을 지켜내려고 한다. 그 결과 별개의 인격이 생겨난다고 보는 것이다.

해리 장애는 1980년대부터 1990년대에 걸쳐 북미를 중심으로 발병률이 급증했다. 결론부터 말하자면, 이 현상은 1990년대 중반부터 지금 현재에 이르기까지 계속 이어져 오고 있는 '인정의 시대'를 상징한다. 남에게 인정받고자 하는 욕구, 그리고 앞으로 소개할 새로운 개념 '캐릭터'는 해리 현상과 친화성이 대단히 높다. 왜냐하면 캐릭터 안에 그 인정의 열쇠가 있기 때문이다.

：

‘자기혐오’라는 말은 다분히 부분적이다.

자기라는 존재의 일부를 부정하는 것이 ‘자기혐오’,

자기 자신을 통째로 부정하는 것이 ‘내가 싫어’이다.

인정 불안의

전경화

1980년대 후반, 자아 찾기의 시대에 젊은이들이 안고 있던 불안의 정체는 대부분 '나 자신은 어떤 사람인가' 하는 '실존의 불안'이었다. 그러다 실존의 불안이 점점 사라지면서 이를 대신해 '인정의 불안'이 전면에 대두하게 되었다. 이것은 바람직한 자기 이미지가 '진짜 자기 모습'에서 '타인에게 인정받는 자기 모습'으로 옮겨간 것을 의미한다.

이 시대의 키워드 세 가지를 들라고 하면 인정, 소통능력, 캐릭터일 것이다. 현대를 살아가는 사람의 생활 전반을 인정 욕구가 가득 채우고 있다. 이러한 상황을 필자는 '인정 의존'

이라 부른다. 이것은 구조적인 문제이며, 은둔형 외톨이나 우울의 원인에 이르는 아주 깊은 단계까지 침투해 있다. 특히 2000년대 이후 세대뿐만 아니라 전 세계적으로 이러한 인정 의존 성향이 짙어지는 양상이다.

어째서 '인정 욕구'와 같은 알쏭달쏭한 용어가 이 정도로 자연스럽게 통용되고 있는지, 이해하기 힘든 독자도 있을 것이다. 베스트셀러의 제목만 보더라도 그렇다. '회복탄력성'이나 '자존감' 같은 말들이 빈번하게 사용된다. 특히 인상적이었던 것은 기시미 이치로, 고가 후미타케의《미움 받을 용기》(2014, 인플루엔셜)라는 베스트셀러다. 인정 같은 것은 받지 않아도 괜찮다고 말하는 책인데, 그 무시무시한 판매부수가 얼마나 많은 사람들이 인정 욕구에 괴로워하고 있었는지를 역설적으로 보여준다.

《미움 받을 용기》와는 비교도 안 되지만 2016년에 발간한 필자의 저서《인정욕구를 에워싼 질병承認をめぐる病》은 이것저것 긁어모은 논문집이었음에도 불구하고 대학 생협 서점에서 스테디셀러로 자리매김하였다(물론 내용도 나쁘지 않지만(^^). 이것은 두말할 필요 없이, 제목을 잘 달아준 담당 편집자의 공적이라 할 만하다. 더불어 표지에 손으로 턱을 괴고 있는 여고생 그림이 실린 것도 많이 판매가 된 이유의 하나라고 생각한다).

어찌 되었든 젊은이를 중심으로 그 유례가 없을 만큼 '인정'을 갈구하는 이 현상이 지금 현대 사회의 모습이라는 것은 틀림없다. 이제 타인에게 인정을 받느냐 못 받느냐는 단순한 호들갑이 아닌 사활이 걸린 문제다.

취업 동기 = 인정받기 위해?

일본의 2017년 판 《자살대책백서自殺対策白書》에는 자살사망률의 증가에 대해 다음과 같이 기술하고 있다. '청년 실업률과 20~29세의 자살 사망률의 추이를 비교하면, 두 가지 모두 비슷한 움직임을 보이고 있다. 이런 점에서 청년층 자살 사망률의 상승은 경제 상황의 상대적 개선에도 불구하고 파견사원, 계약사원, 파트타임, 아르바이트 등의 비정규고용 비율의 증가와 같은 청년층 고용 정세 악화에까지 영향을 주고 있을 가능성이 있다. 특히 20대 젊은이의 취업실패에 의한 자살자 수가 2009년을 경계로 급증하고 있다는 사실에 주의할 필요가 있다.

취업 자살에 대해 '그깟 취업문제 때문에', '찾아보면 할 수 있는 일은 얼마든지 있다'고 비판하기도 한다. 이미 환갑을 넘어 완전한 구세대에 속하는 필자에게는 이해 가능한 말이다. 하지만 새로운 세대에게는 언제적 이야기냐는 말을 들을 게 뻔하다. '그깟 취업'이라는 표현은 '먹고 살기 위해 일한다'는 관점에서 왔기 때문이다.

취업이 '인정받기 위한' 것이라는 개념은 이렇다. 자신이 원하는 직업에 종사하면서 지인이나 친구로부터 '대단하다'고 평가받는 것이다. 이뿐만이 아니다. 남 보기에 번듯한 취업에 성공하면 동년배 친구에게 소외당하지 않을 것이다. 단체 미팅 등을 포함한 이성 관계 획득에 유리해지고, 결혼에 골인하여 가정을 갖는 등 다양한 가능성이 열린다.

결국 이것 모두가 '인정 강자'의 조건이 된다. 그러나 실제는 어떤가. 이런 근심은 대부분 기우에 지나지 않는다. 다소 조건이 안 좋은 직장에 취업했다고 해서 친구로부터 버림받는 일은 거의 없다. 하지만 줄곧 인정에 의존해 살아온 사람에게는 이 방법 말고 다른 길은 없다.

설령 그것으로 먹고 사는 데 지장이 없다 하더라도, 주위의 평가가 별로 좋지 않은 직업에 종사하게 되면 자기애에 크나큰 상처가 된다. 충분히 인정받지 못할 것이라는 생각에 주위 사람들은 아무렇지 않은데도 스스로 거리를 두는 사람이 적지 않다. 이런 상황 속에서 젊은이들은 남들이 인정하고 사회적 평가가 높은 회사로 취업하기 위해 사활을 걸고 있다.

아베노믹스 덕분인지 어떤지는 알 수 없으나, 일본의 2010년
대 중반 이후 대학생의 신입 채용률이 일시적으로 버블기 수
준으로 돌아왔다는 보도가 있었다. 하지만 취업문제로 인한
자살 역시 계속 보도되고 있다. 취업 자살에 대한 통계 데이터
를 찾을 수 없어 근거를 제시할 수는 없지만 여전히 심각한 문
제임에는 틀림없을 것이다.

지금의 취업 시스템은 인정 욕구에 상처를 입지 않고는 버
티기 힘든 구조로 되어 있다. 인터넷 시스템 덕에 쉽게 대량 지
원을 받을 수 있기 때문에 기업도 면접 전 단계에서 학생을 대
량으로 선별해야 한다. 이 과정에서 실은 대외적으로 쓰지 않
겠다고 밝힌 바 있는 학력 사항을 필터로 활용하고 있다고 한
다. 명백히 학력차별이다. 아무리 지원 과정이 간단하다고는
하지만, 이곳저곳에서 날아드는 "당신이 필요 없다"는 메시지
와 그 좌절을 버텨낼 사람이 얼마나 되겠는가.

더구나 젊은이들은 사춘기 대부분을 '인정'을 위한 동조
압력을 받아들이며 열심히 자기를 억제해왔다. 취업 현장에서
난생 처음 자기분석이나 자기어필을 요구받고, 입사지원서나
면접현장에서 그 '자기다움'을 반복적으로 부정당하는 것이
다. 최종적으로 취업에 성공했다고 하더라도 거기까지의 과정

에서 자기애를 상당히 많이 다친다. 인정에 의존해 살아온 정도가 강할수록 절망감은 더 클 것이다.

여기서부터는 완전히 필자의 억측이지만, 아마도 그 사람에게 '먹고 살기 위해 일한다'는 관념이 강하면 강할수록 가벼운 상처로 끝날 수 있다고 생각한다. 먹고 살기 위해 일하겠다는 명확한 목표만 있다면, 자신의 조건에 맞고 자기를 고용할 것 같은 확신이 드는 직장만을 중점적으로 노리는 것이 보다 효율적이기 때문이다.

'인정받기 위해 일하는' 사람은 열 번 내리찍어 안 넘어가는 나무 없다는 심정으로 다소 무리를 해서라도 지원하며 상처 받기를 반복한다. 아주 당연한 일이다. 일본의 소니 생명보험이 사회 신입 1년차, 2년차를 대상으로 '일할 마음 뚝 떨어지게 하는 사회 선배의 말'이 무엇이냐는 조사를 했는데, "이일 적성에 안 맞는 거 아니야?"가 1위를 차지한 적이 있다. 상대는 무심하게 던진 말이겠지만, 듣는 이에게는 깊은 상처가 되어 인격을 부정하는 느낌이 든다고 한다.

이 말도 '먹고 살기 위해 일하는 사람'과 '인정받기 위해 일하는 사람' 사이에 받아들이는 방식의 차이가 존재한다. 먹고 살기 위해 일하는 사람은 적성에 맞든 안 맞든 계속 다닐 수만 있다면 아무 문제가 없다. 하지만 인정받기 위해 일하는 사람에게 이런 말은 치명적이다. '이 일이 적성에 맞지 않다'는 것은 이 직장 안에 내가 있을 자리가 없고, 또 앞으로 그 누구에게도 인정받을 가능성이 없다는 말이나 같기 때문이다.

"적성에 안 맞는다"는 말을 들으면 더 노력하라는 뜻으로 받아들여야 한다는 사람이 있을 수 있다. 그러나 지금의 젊은 이에게 그런 발상은 가당치도 않다. 지금 젊은이들은 '노력도 재능'이라고 생각한다. 미국 메이저리그에서 맹활약 했던 일본의 프로야구 선수 이치로イチロ―가 한 말인데, 그는 재능이 없는 사람도 노력하면 어떻게든 극복할 수 있다는 의미로 말했을 것이다. 그런데 젊은이들은 이 말을 노력 하는 재능이 없으면 그 노력조차도 할 수 없다는 말로 이해하고 있는 듯하다. 이런 생각의 배경에는 '어차피 노력해도 아무것도 바뀌지 않는다'는 확신이 자리하고 있는 것 같다.

이들은 앞으로 자신이 성장할 것이라 예측하지 못한다. 그래서 자신의 능력을 믿고 노력하면 미래가 지금보다 더 나아질 것이라는 낙관적 사고를 할 수가 없다. 어느 경영인에게서 들은 이야기로는, 요즘 신입사원은 자기가 서투른 분야의 일을 맡게 되면 '저는 센스가 없어서 이 일은 못할 것 같습니다'라고 답한다고 한다. 여기서 '센스'란 일종의 선천적인 재능을 의미한다.

이들의 '나에게는 ○○하는 센스가 없다'는 말은 아무리 노력해도 ○○를 잘해낼 수 없다는 의미가 된다. 철저하리만큼 '자신은 절대 변화할 리 없다는 불신감'이 있는 것이다. 하지만 가끔은 자신에게 맡겨진 과제를 나름의 노력을 들여 잘 수행할 때도 있다. 센스가 없다는 것은 단순히 자신이 없다는 얘기일지 모른다.

'나에게 변화가 일어날 리 없어'

'나는 변화할 수 없다'는 자신을 향한 불신감은 은둔형 외톨이의 임상 현장에서도 자주 느낄 수 있다. 이들은 자신에게 변화가 생길 일은 절대 없다고 믿고 있으며 희망을 갖는 것만큼 부질없는 짓도 없다고 생각한다. 그래서 사회에 참여하려는 노력을 해보지도 않고 미리 포기해버리는 것이다.

아무것도 하지 않는다면 아무런 변화도 없다. 그런 상태로 달이 가고 해가 바뀌면 '역시 예상대로 아무것도 바뀐 것은 없다'고 믿는다. 아무것도 하지 않았기에 너무도 당연한 일이겠지만 이것 역시 악순환에 빠진다. 차라리 '지금 이대로도 괜찮아', '이 상황을 즐기자'고 생각해버리면 그나마 낫다. 이들의 사고방식은 사뭇 진지하기 때문에 이런 결론까지 이끌어내는 것조차도 힘에 부친다. 참 답답한 일이다.

돌이켜보면 아직 아무것도 아닌 나 자신에 대해 강한 자격지심과 열등감을 느끼면서도 어딘가 "나에게는 무한한 잠재력이 있어, 어떻게든 될 거야"하는 막연한 기대감이 있던 시절이 있었다. 이 기대감으로 마음의 평정을 유지할 수 있었다. 따라서 자상적 자기애에 관해 상당 부분 공감하고 이해하고 있다고 자부한다. 하지만 이 '변화의 여지가 없다는 불신감'만은 어떻게 공감할 도리가 없다. 이들도 조금이나마 자신의 잠재력과 변화 가능성을 믿을 수만 있다면, 인생을 보다 낙관적으로 볼 수 있고 마음이 더 편해질 텐데 하는 생각만 늘 하게 된다.

앞에서 기술한 것처럼, 자신의 변화 가능성을 믿지 못하는 젊은이에게 적성에 맞지 않는다는 주위의 평가는 너무도 치명적이다. 결국 선천적으로, 아무리 노력해도, 죽을 때까지, 이 일이 '적성에 맞지 않는' 상태가 계속된다는 말이기 때문이다. 물론 말한 사람이 거기까지 진지한 의미로 말을 했을 리 없을뿐더러 본인도 그 점에 대해서는 잘 알고 있다. 그럼에도 단 한 순간이라도 자기에 대해 그런 인상을 갖는 사람이 있다는 사실 자체가 큰 타격을 주고도 남는다.

이렇게 말하면 곧바로 나오는 이야기가 있다. '요즘 젊은이는 너무 나약하다'는 비판이다. 물론 이 말에 동의하지 않는다. 젊은 세대는 확실히 '인정 의존'이라는 약점이 있을지 모르지만 대신 구세대에 비해 월등한 커뮤니케이션 스킬을 갖고 있다. Z세대라 불리는 이들 중에는 허구의 세계에서조차 나오기 힘들법한 걸출한 재능을 보이는 사람이 있다.

젊은이들의 전반적인 생활 만족도, 다시 말해 행복감은 상승 추세다. 이 현상은 이들이 옛 세대보다 행복감을 느끼는 재능을 더 많이 갖고 있을 가능성을 보여준다. 시대를 거쳐 오면서 세대 간 약점은 이동했을지언정 이들이 특히 전반적으로 나약해지거나 하지는 않았다. 이 모든 것을 감안한 상태에서 지금의 젊은이가 끌어안기 쉬운 '인정 의존'이나 '자상적 자기애'와 같은 문제에 대해 다루고 그 대책을 강구하려고 하고 있다.

자기 인정에 서투른 사람들

자신의 가치를 평가할 때 타인의 인정에 압도적으로 의존하는 경향은 특히 젊은 세대에서 나타난다. 바꾸어 말하면, 이들은 타인의 인정이 없어도 자신의 재능이나 능력, 업적, 사회적 지위와 같은 객관적 근거를 자신감의 기반으로 삼는, 이른바 '자기 인정'이 매우 서툴다. 일반적으로는 그 자체만으로 자신감의 근거가 될 수 있는 요소들마저 일단 타인의 인정(감탄이나 칭찬 등)을 받는 과정을 거쳐야 비로소 자신감으로 이어지는 까다로운 회로가 존재한다.

현대 사회에서 자기 인정이 어려운 이유는 자신의 가치를 타인의 평가, 즉 타인의 주관에 의존하기 때문이다. '타자의 주관'은 의도적인 조작이 불가능하다. 또 희소성이 있는 만큼, 절대성을 갖기 쉬운 경향이 있다. SNS 게재는 타자의 주관을 집합적, 정량적으로 가시화한다. 사실 그저 주관에 지나지 않은 사실에 객관성이라는 치장을 하는 것일 뿐이다. 엄청난 폭언을 퍼붓는 사람도 주위가 그의 언행에 칭찬 일색이라면 자신의 폭언이 객관적으로 정당한 것인 양 착각하기 쉽다. 이른바 '에코 챔버echo chamber 현상'이다. 트럼프 현상과도 비슷한 측면이 있다.

역으로 '인정 약자(인정을 받기 힘들거나, 받기 힘들다고 믿고 있는 사람)'의 경우, 무인정의 시기가 길어지면 그 경험 자체가 트라우마가 되어 자기가치 감정을 현저히 떨어트리고 자기 자신을 과하게 탈가치화하게(궁지로 몰아넣게) 된다.

여기서 '역 에코 챔버 현상'과 같은 상황이 일어날 수도 있다. 인정의 소리가 작거나 아예 들리지 않게 되면 스스로 자신을 비판하는 소리를 외부의 것으로 인식하고 만다. 이것은 일종의 투영이라고 할 수 있는데, 이러한 소리가 점차 증폭되면 결국 '자신이 못났다는 사실'에 객관적 근거가 있는 듯한 착각에 빠지고 만다.

'인정 의존'에 자기 인정은 포함되지 않는다. 또 새로운 사람에게 받는 개인적 인정도 요즈음 상대적으로 영향력이 적다. 보다 더 가치가 있는 것은 SNS의 인정 구조, 이른바 '집합적 인정'이다. '좋아요!' 수가 많을수록 인정은 객관성이나 희소성이라는 외관상의 가치를 지니게 되는 것이다.

집합적 인정의 구조는 케인스의 미인 투표 이론과 닮아 있다. 경제학자인 케인스가 투자가들의 행동 패턴을 미인 투표에 비유했던 이론이다. 케인스는 '100장의 사진 가운데 가장 아름답다고 생각하는 후보에게 투표하고, 가장 표를 많이 받은 후보에게 투표한 사람들이 상품을 가져갈 수 있다'는 신문사의 기획을 가정했다.

미인의 기준은 객관적인 데이터가 아니다. 타자의 집합적 주관은 옳은지 그른지 알 수 없다. 개인이 주관적으로 이 집합적 의견을 예측하면, 결국 객관성을 잃으면서 자신의 판단이나 제어를 믿지 못하게 된다. 여기에서 희소성이 생긴다. 그야말로 '미인 = 타인으로부터의 인정 강자가 되어 가치를 높여 가는 것'인 구조다.

인정을 둘러싼 게임 또한 이러한 미인 투표와 닮은 구석이 있다. 이 게임에서는 누구든 속된 말로 '어떻게 하면 먹힐까', 즉 유동적인 타인의 집합적 주관 형태를 서로 예의주시하며 행동한다. 전형적인 예가 어떤 SNS 포스팅이 화제를 모을지 고민할 때의 심리 상태다.

집합적 인정의 허점

일반적으로 젊은 세대일수록 자기 인정을 집합적 인정에 의존하려는 경향을 보인다. 집합적 인정의 구조는 개인의 외부에 존재하면서도 깊이 내면화 된 가치를 형성한다. 이러한 구조 안에서 집단 괴롭힘이 생길 경우 그 피해자는 '가해자 = 타인'에게 잘못이 있음에도 불구하고 타인의 기준을 의심 없이 바로 내면화해 그것을 자기 책임으로 인식한다. '나에게도 잘못이 있는 거야' 하고 믿어버리며 가해자의 책임에 대해 생각하지 않으려고 한다. 현대사회는 본인의 의사나 성격과는 상관없이 집합적 인정의 구조 그 자체가 개인에게 다운로드

돼버리는 시대이다.

이러한 집합적 인정에는 몇 가지 특징이 있다. 먼저 상당히 유동적으로 보인다는 점이다. 다음으로 쌍방향성이 결여돼 있다는 점, 제어가 어렵다는 점을 들 수 있다. 이러한 특징 때문에 집합적 인정은 '지금 내가 받는 인정을 언제 잃을지 모른다'는 불안과 종이 한 장 차이다.

나중에 기술할 스쿨카스트 최상위의 학생조차 이러한 불안에서 자유롭지 못 하다. 전혀 예상치 못한 실수로 학생들 안에서 집단 인정의 대세가 바뀌면 그 순간 바로 최하위로 전락할 수 있는 것이다. 이것이 '인정 불안'의 실체다. 의존증 내지는 중독의 근저에는 대부분 불안이 자리하고 있다. 이들 마음속에 내재된 '인정 불안'이 현대 사회의 '인정 의존'을 불러왔다고 해도 과언이 아닐 것이다.

커뮤니케이션 능력이 높은 사람이나 낮은 사람 모두 다 커다란 불안을 안고 있는 것이 지금 현대 사회의 특징이다. 경제력이나 신체능력 같이 정량적 증거가 없는 '커뮤니케이션 능력'에 의한 평가는 대단히 유동적일 수밖에 없다. 말도 안 되는 계기로 자신의 가치가 평가절하 되는가 하면, SNS 상에서의 인정 또한 일시적인 현상에 불과하다. 커뮤니케이션 강자일수록 타인에 의한 '인정'에 과도한 불안을 느끼기도 한다.

이렇게 '인정 의존'은 SNS를 자주 사용하는 사람들의 행복감을 높여주기도 하지만 불안과 불행을 가져다주기도 한다. 단순한 가치판단 문제는 제쳐두더라도 적어도 이러한 종류의 '불안과 불행'을 악화시키지 않도록 무엇을 할 수 있는지 이 책의 후반에서 생각해보려고 한다.

⋮

아무것도 하지 않는다면 아무런 변화도 없다.
그런 상태로 달이 가고 해가 바뀌면
'역시 예상대로 아무것도 바뀐 것은 없다'고 믿는다.

타인의 인정이

내 가치를 저당 잡는 삶

현대 사회의 인정 의존이란 단적으로 말해 '타인과의 관계'에 의존하는 것이다. 관계 의존의 배경에는 통신 환경의 변화가 크게 관련되어 있다. 그중에서도 1995년 이후의 상용 인터넷의 폭발적 보급과 거의 동시에 이뤄진 개인 휴대전화의 보편화, 2000년대 이후 스마트폰의 사용은 젊은이의 커뮤니케이션 양식에 가히 혁명을 일으켰다.

이러한 통신 인프라의 발전과 함께 2000년대 이후에는 카카오톡, 페이스북, 트위터(X), 인스타그램 등 SNS가 급속하게 퍼졌다. SNS에서는 상호 간의 승인 과정을 거쳐 원만한 내부 온라인 커뮤니티를 형성하고 '좋아요!' 버튼으로 인정 사인을 서로 주고받는다.

SNS는 인정의 양을 쉽게 가시화, 수량화할 수 있는 편리성이 있어서 젊은이부터 중년층, 노년층까지 순식간에 퍼졌다. 어디서든 스마트폰만 있으면 친구나 연인과 24시간 이어질 수 있다. 이러한 커뮤니케이션 환경은 인정과 관계의 결합을 불렀다. '인정이 곧 관계'다. 지금 시대에 인정 의존과 관계 의존은 거의 동의어라 해도 무방할 것이다.

'인정 = 관계'의 일원화는 젊은 세대의 대인 평가에 심각한 영향을 끼치고 있다. 필자는 이를 '커뮤니케이션 능력 편중'이라 부르고 있는데, 대인 평가의 기준이 대부분 '커뮤니케이션 스킬'에 집약되는 사태를 가리킨다. 그 결과로 붙임성 있는 성격은 절대선이라는 인식이 생겼다. 커뮤니케이션 스킬은 일본에서 '인간력'이라 불릴 정도로 취업활동에서 매우 중요한 문제가 되었다.

이 부분의 정량적 근거를 제시하는 것은 어렵지만 사회문화적인 사상을 검토하는 방식으로 커뮤니케이션 편중 상태를 가시화하는 것은 가능하다. 후에 기술하게 되는 젊은이의 행복감에 관한 조사를 통해 이러한 추측이 충분히 가능하리라 본다.

소통능력 낮은 사람이
카스트 최하위로 전락하는 사회

일본에서 2000년대 이후 두드러진 경향이 커뮤니케이션 관련 유행어의 급증이다. 커뮤력コミュカ*, KY**, 벤죠항便所飯*** 등이 유명하다. 여기서 파생한 말로는 크리봇치クリぼっち****가 있다. 이것에 대비되는 말로는 양캬陽キャ*****, 파리피 등이 있다. 사장된 말이 있기는 하지만 대부분 아직까지도 쓰이고 있다는 점에서 이 문제의 심각성을 알 수 있다.

기업 채용 현장에서 커뮤니케이션 스킬을 중시하기 시작한 것도 비교적 최근의 일이다. 사회교육학자 혼다 유키本田由紀는 이러한 경향을 하이퍼 메리토크라시Hyper Meritocracy(극도의 업적주의)라 부르며 비판했다. 이전 일본의 업적주의는 학력사회, 편차치 지상주의라는 비판을 받았다. 하이퍼 메리토크라시는 학교 성적 그 이상으로 커뮤니케이션 스킬을 중시하는

* 커뮤니케이션 능력(옮긴이)
** 분위기를 읽지 못하는 사람. '분위기'라는 의미의 일본어 '쿠우키空気'와 '못 읽다'라는 의미의 일본어 '요메나이読めない'의 앞 이니셜을 각각 따와 합성한 말(옮긴이)
*** 혼자서 밥 먹는 모습을 들키기 싫어 화장실에서 도시락 등을 먹는 행위(옮긴이)
**** 크리스마스를 혼자서 보내는 사람. 크리스마스와 '히도리봇치'의 합성어(옮긴이)
***** 양기 넘치는 밝은 성격의 캐릭터(옮긴이)

현대 사회의 풍조를 지적하는 말이다.

현대 일본 사회는 공부를 잘하는 것 외에 원활한 대인관계 능력까지 중시되면서, 개인의 커뮤니케이션 능력은 부단히 평가의 대상이 되고 있다. 지금 일본 전국의 중·고등학교에 침투되어 있는 스쿨카스트에서 학생의 신분계급을 결정짓는 가장 중요한 요인은 커뮤니케이션 스킬이라고 한다.

'인정 의존'과 '커뮤니케이션 능력 편중'은 상호 보강 관계이기도 하다. 높은 커뮤니케이션 능력으로 대단히 많은 인정 수를 획득하기는 하지만 그런 사람일수록 타인의 인정에 의존하는 성향이 강하다. 그리고 이 두 가지를 서로 이어주는 매개체가 바로 '캐릭터'다.

캐릭터화와 스쿨카스트

'캐릭터'라는 말은 이미 일상어가 되었기 때문에 용어의 정의나 해설 등은 새삼스러운 일이다. 하지만 이전에 《캐릭터의 정신분석》(2021년, 에디투스)이라는 저서를 통해 캐릭터에 관한 궁극의 정의를 내린 적이 있어 이것에 관해 조금 기술해 두고자 한다.

캐릭터란 무엇인가. 이것은 '그 자신과 동일하며 그 자체를 재귀적으로 가리키는 기호'를 말한다. 이것은 학생의 캐릭터부터 예능인의 캐릭터, 또는 애니메이션이나 만화 속의 캐릭터와 같이 다양한 캐릭터의 형태 모두를 꿸 수 있는 정의다. 그런 의미에서 '궁극'이라는 표현이 가능하다고 생각한다. 상세한 내용은 필자의 책을 참작하기 바란다.

이것만으로는 설명이 부족할 것이기 때문에 조금 더 알기 쉽게 설명하면 이렇다. 캐릭터란 어느 개인에 있어 하나의 특징을 희화적으로 과장한 기호이며 일단 캐릭터로서 인식된 개인은 이후 계속해서 '캐릭터로서의 동일성'을 획득하게 된다. 앞서 기술한 것처럼 처음에는 만화 업계나 코미디 업계에서 쓰던 용어가 1990년대 이후 젊은이들 사이에 널리 쓰이며 일반어로 정착했다.

이른바 스쿨카스트의 성립에는 이 '캐릭터'가 중요한 역할을 한다. 개그 캐, 인기 캐처럼 커뮤니케이션 능력이 높은 학생은 같은 수준의 커뮤니케이션 능력을 가진 캐릭터끼리 그룹을 형성하고 이것이 카스트 상위층이 된다. 반면 커뮤니케이션 능력이 낮은 '어두운 캐릭터', '인기 없는 캐릭터', '괴롭힘 당하는 캐릭터'는 물어볼 필요도 없이 카스트 최하위다.

결국 학급 내에서의 개인 캐릭터 설정과 카스트 상의 위치는 거의 같은 시점에 결정된다고 할 수 있다. 여기에 결정의 주체는 존재하지 않는다. 이 두 요소를 결정하는 것은 어디까지나 학급의 분위기이며 그 결정은 아무도 거스를 수 없다. 공기에게는 반론도 항의도 통하지 않기 때문이다. 이러한 카스트 성립 방식에 관해 교육평론가인 모리구치 아키라森口朗는 다음과 같이 말한다.

2007년 출간된《집단 괴롭힘의 구조いじめの構造》에 따르면 아이들은 중학교나 고등학교에 입학하거나 새 학기가 시작되는 때에 각각의 커뮤니케이션 능력과 운동 능력, 외모 등을 따지며 1~2개월 정도의 기간에 걸쳐 학급 내에서의 포지션을 찾는다. 이 때 상급의 포지션 획득에 성공한 사람은 1년 동안 '집단 괴롭힘' 피해를 당할 위험부담에서 벗어날 수 있다. 역으로 하급 포지션 밖에 획득하지 못한 사람은 어쩔 수 없이 엄청난 부담 속에서 1년을 보내야 한다.

이렇듯 지금 일본의 학교라는 공간에서 대인 평가는 거의 '커뮤니케이션 능력'에 의해 정해진다. 예전 학교 사회에서 그 나름의 의미가 있었던 '공부를 잘하는', '그림을 잘 그리는', '글을 잘 쓰는' 등의 재능이 대인 평가의 한 축으로써는 아무런 의미가 없는 듯하다. 그렇기는커녕 때에 따라서는 이러한 재능을 무의식중에 발휘해 자신이 부여받은 캐릭터에서 일탈했다는 이유로 카스트 하위로 전락하고 마는 사태가 벌어지기도 한다. 필자가 사춘기였던 40여 년 전의 학교와 비교하면 지금의 아이들이 얼마나 가혹한 생존경쟁 속에서 살아가고 있는지 동정을 금할 길이 없다.

캐릭터로서의 인정

여기까지 말해온 인정 의존이라는 것은 실은 '캐릭터로서의' 인정 의존을 의미한다. 여기서의 인정은 '자기다움의 인정'과는 약간 다르다. '자신의 진짜 모습을 알아봐주고 긍정해주기 바라기'보다는 '캐릭터로서의 자기를 받아들여주기 바라는' 욕망에 가깝다.

본래 캐릭터는 자신이 선택하거나 결정하는 것이 아니라 교실이나 직장의 분위기가 정해주는 것이다. 그래서 당사자는 종종 자신의 캐릭터에 자기 본래의 모습과는 다른 미묘한 위화감을 느끼거나 부여받은 캐릭터를 지속적으로 연기해야 하는 데에 지쳐 피폐해지기도 한다. 부여받은 캐릭터를 그만두거나 변경하는 것은, 어지간한 우발적 사건이 아니고서는 대단히 어려운 일이다.

일반적으로 캐릭터의 자기인식은, 흔히 말하는 성격이나 성향을 스스로 인식하는 것과 다르게 자아친화성이 낮다고 알려져 있다. 2007년에 발간된 사회학자 세누마 후미아키瀬沼文彰의《캐릭터론キャラ論》에 의하면, 타인의 캐릭터에 대해 거침없이 말하는 고등학생들에게 막상 본인의 캐릭터에 대해 물으면 '잘 모르겠다'는 의외의 답이 돌아온다고 한다. 어쩌면 캐릭터는 자발적으로 '행하기'보다 아이들이 커뮤니케이션 공간 속에서 '자기인식 당하여' '연기하도록 하는' 것일지도 모른다.

다만 이런 캐릭터에도 지금까지 나열한 결점을 보완하고도 남을 가치와 효과가 있다. 무엇보다 소통이 원활해진다. 상대의 캐릭터를 알기만 하면 커뮤니케이션 모드가 자동적으로 정해진다. 이후에는 그 모드 안에서 이야기를 계속하면 된다. 그런 의미에서 캐릭터는 어느 공간에서 그 사람에게 존재감을 부여해준다.

좀 더 이야기해보면 '이것이 바로 나'라는 실감은 나지 않지만 일단 캐릭터가 성립되면 적어도 '나란 사람은 무엇인가'라는 질문에서만은 자유로울 수 있다. '캐릭터를 연기하는 것일 뿐'이라는 자각은 캐릭터의 배경에 있는 '진짜 내 모습'의 존재를 믿게 해주고 또 보호까지 해주기 때문이다.

만일 누군가가 상처를 준다고 해도 결국 그것은 페이크 가면의 캐릭터가 연기한 것이므로 진짜 내 모습과 상관없는 일이라고 결론지을 수 있다. 동시에 이것은 인생 살면서 아무도 피해갈 수 없는 '역할 수행'의 예행연습이라고도 할 수 있다.

해리 시대에 캐릭터화가 심화되다

캐릭터의 발명이 가져다 준 편리한 점은, 커뮤니케이션의 원활화 외에도 한 가지가 더 있다. 캐릭터 간의 상호 확인만으로도 친밀한 커뮤니케이션이 이뤄지고 있다는 느낌을 받을 수 있다는 점이다. 상대의 말과 행동이 그 캐릭터에 아주 잘 맞아떨어지거나('역시 너 MBTI 대로네!') 아니면, 어울리지 않다는('너 그런 캐릭터였었어?') 식의 말을 주고받기만 하는 상호작용은 언뜻 보기에 장황하기만 할 뿐 그 정보의 양은 거의 없다.

필자는 말을 매개로 하지만 비언어적인 느낌을 주는 의사소통을 '그루밍 커뮤니케이션'이라 부르는데, 상대와 친밀함을 강화하는 데에는 대단히 유효하다. 이제까지의 내용을 종합해봤을 때 '캐릭터'는 어떤 커뮤니케이션 모드가 응집된 유사인격이다.

이 시점에서 '해리'의 문제가 부각된다. 상당히 멀리 돌아온 것 같기는 하지만, 필자가 2000년대를 '해리의 시대'라 부른 이유는 이 시대가 '캐릭터화'가 단숨에 진행된 시대라서 그렇다.

간단하게 말해서 캐릭터는 해리성 정체장애(다중인격)의 교대인격과 비슷한 특징을 가지고 있다. 해리성 정체장애 환자는 의도적이건 아니건 상관없이, 응석 부리고 싶을 때는 유아적 교대인격을, 공격성을 발휘하고 싶을 때는 난폭한 교대인격을 내보이는 경우가 있다. 그야말로 커뮤니케이션 스타일에 특화된 인격이라 할 수 있다. 또한 각각의 교대인격은 때때로 유형적인 면에서 깊이가 없고 마음의 내성 능력 또한 충분하지 않은 경우가 많다. 교대인격은 '본래 인격'에 준하는 가상의 존재라고 생각해도 무방할 것이다. 이러한 특징은 모두 캐릭터의 특성에도 부합한다.

따라서 먼저 '해리의 시대'라는 사회적 배경이 있고 인터넷 환경과 SNS라는 '연결 인프라'가 가담하면서 단번에 캐릭터화가 진행되었다는 것이 필자의 가설이다. 인정 의존(=연결 의존)은 오로지 '캐릭터로서의 인정'만을 추구하는 욕망이 세대를 불문하고 널리 공유되어 나타난 당연한 결과다.

이 관계는 직선적인 인과관계라기보다 결과가 인과를 강

화하는 환원적 인과관계에 뿌리를 두고 있다. 해리의 시대가 인터넷 환경의 의존도를 높였고, 인터넷 환경이 차츰 발전하면서 해리를 한층 강화하는, 그러한 순환이다.

앞의 내용에서 알 수 있듯이 인정 의존의 경향이 강해진 것은 1990년대 후반이다. 당시 친구나 결혼 등 모든 인간관계가 인정받기 위한 목적이 있었다고 해도 될 정도였다. 이 시기에는 평소 불안을 느낀다고 호소하는 젊은이도 증가했다.

사회학자 후루이치 노리토시古市憲寿는 저서 《절망의 나라의 행복한 젊은이들》(2014년, 민음사)에서 상당히 흥미로운 데이터를 몇 가지 소개하고 있다. 복수 세대를 조사한 내용에 따르면 현대 사회의 젊은이들 다수가 현재 생활에 만족하고 있다고 말한다. 예를 들어 일본 내각부의 '국민생활에 관한 여론조사'에서는 2010년 시점에서 20대 남자의 65.9%, 20대 여자의 75.2%가 현재 생활에 '만족'하고 있다고 답했다. 이 만족도는 과거 어느 시대의 젊은이보다 높게 나타났다.

2010년 데이터는 너무 오래되었다고 할 수도 있겠지만 사실 이 경향은 계속 이어지고 있으며 팬데믹 이전인 2019년 시점 조사에서 20대 젊은이의 생활만족도는 더 높아졌다. 조사 결과만 보면 지금의 젊은이는 80년대 버블기의 젊은이들보다 훨씬 '행복'하다는 말이 된다.

하지만 생활에 불안을 느끼고 있는 젊은이 수 역시 그만큼 많고, 사회에 대한 만족도나 미래에 대한 희망을 갖는 젊은이의 비율이 낮다는 데이터도 있다. 오자와 마유키에 의하면 사람이 불행이나 불만족을 호소하는 것은 '지금은 불행하지만 미래에는 좀 더 행복해질 것이다'는 기대가 함께 있기 때문이라고 한다. 바꿔 말하면, 자신이 지금보다 행복해질 것이라는 생각을 더 이상 할 수 없게 되었을 때 '지금 생활이 행복하다'는 답을 내놓는다. 그렇다면 지금의 젊은이는 더 이상 미래에 희망을 가질 수 없기 때문에 '현재 생활에 만족한다'는 답을 내놓는 것은 아닐까.

어느 정도 설득력이 있는 이야기지만 의구심이 생긴다. '희망이 없기 때문에 행복'하다는 것은 너무 억지스럽지 않은가. 희망과 행복이 반드시 같은 것은 아니겠지만, 적어도 미래에 대한 희망은 현재 느끼는 행복의 필수조건이라고 생각한다. 이 말에 동감하는 사람이 결코 적지 않으리라 믿는다.

행복의 조건이 된 '커뮤니케이션과 인정'

후루이치 노리토시의 저서로 다시 돌아가서, 그는 2010년 일본 내각부가 시행한 '국민생활 선호도 조사'를 인용하고 있다. 이 조사에서 '행복의 정도를 판단할 때 중시하는 사항'을 묻는 질문에, 15~29세 젊은이의 60.4%가 '친구관계'라고 답했다. 이것은 타 세대에 비해 월등히 높은 수치다. 이후의 조사에서는 아쉽게도 연령별 데이터를 찾을 수 없었지만, 이러한 경향은 현재도 크게 변하지 않았을 것으로 추정된다.

이것은 젊은이에게 행복의 조건이 바로 '커뮤니케이션'과 '(친구의) 인정'이라는 것으로 해석이 가능하다. 그간의 은둔형 외톨이 임상 경험을 통해 필자가 알게 된 것은, 많은 사람이 다소 불우한 경제적 환경에 놓여있다 하더라도 소통과 친구의 인정만 있다면 그럭저럭 행복을 느낄 수 있다는 사실이다.

현대 사회에 들어서는 오히려 행복의 조건으로 '소통과 인정'의 지위가 필요 이상으로 높아졌다고 할 수 있다. 앞에서 지적한 '커뮤니케이션 편중주의 현상'은 그 원인인 동시에 귀결이기도 하다. 소통과 인정은 어떤 젊은이에게는 언제든 무료로 쉽게 손에 넣을 수 있는 재원인데 반해, 어떤 젊은이에게는 비용을 아무리 많이 지불해도 손에 넣을 수 없는 대상이기도 하다. 이러한 차이가 젊은이의 행복과 불행을 가르는 주요한 차이라는 생각마저 든다.

지금의 젊은이는 인정받기 위해 일한다. 이것은 직장 동료가 주는 인정에서 그치지 않는다. 예를 들어 20대 중반을 넘어서도 취업하지 않는 상황은 상당히 '위험'하다. 인간으로서 의무를 다하지 못해 위험한 게 아니다. 먹고 살 수 없게 되어 위험한 것도 아니다. 취업하지 않아서 친구와 이성으로부터 인정받지 못하는 상황까지 이르게 될까 봐 위험한 것이다.

반대 예로 니트족이라 해도 친구만 있다면 적당히 행복하게 살 수 있다. 일부 니트족 청년들은 인터넷을 능숙하게 활용해 취업하지 않고도 세상과 연결하며 살아갈 길을 선택하기도 한다. 인터넷은 시간과 노력을 아끼지 않는다면 누구든 그 안에서 돈을 만들어내는 것(그것으로 먹고 살 수 있다고 단언할 수는 없지만)이 가능한 공간이다. 공모전, 후원, 옥션, 리서치 회사의 모니터, 어필리에이트(성과보수형 광고), 유튜버 등등 우리가 아는 다양한 수단이 있다. 그럼에도 불구하고 많은 젊은이가 고용형 취업을 희망하는 이유는 친구의 위치와 같다고 인정받을 때 느끼는 그 가치 때문이 아니고 무엇이겠는가.

데이터가 보여주고 있듯이, 현대 사회의 젊은이는 적지 않은 불안과 고민을 안고 사는 데 반해 생활만족도가 높다. 이 높은 생활만족도를 지탱해주는 것은 다름 아닌 친구와의 '관계'다. 인간관계나 SNS를 통해 연결될 수만 있다면 꽤 견뎌낼 만하다고 생각하는 것이다. 현재에 한정되어 있어 미래는 불확실하지만 현재의 만족도는 대단히 높은 것이 젊은이의 특징이다.

'캐릭터'로 득 보는 70%와 피해 보는 30%

모리구치 아키라는 앞서 기술한 그의 저서에서 스쿨카스트를 상위 10퍼센트, 중위 60퍼센트, 하위 30퍼센트로 나누고 있다. 많은 사람이 실감하는 수치에 가깝다는 생각이다. 상위와 중위를 합친 약 70퍼센트의 젊은이는 비교적 생활만족도가 높다. 하위층은 소위 말하는 인정 약자인 까닭에 행복감이 상당히 낮다. 여기에 격차가 존재한다.

이 카스트는 그 누구도 아닌 교실의 분위기가 결정하는 것이기 때문에 아무도 거스르지 못한다. 또한 한 번 하위층으로 낙인 찍히면 거기서 빠져나오기는 거의 불가능하다. 이러한 구조는 학교라는 집단 한 곳에만 한정되지 않는다고 생각한다. 직장에도 이러한 계층이 태연히 존재한다.

그렇다면 설문조사에 응했던 젊은이들 대다수가 상위층

과 중위층을 합친 약 70퍼센트에 해당하는 이들이 아니었을까 추측할 수 있다. 이 숫자는 생활만족도가 높은 젊은이의 비율에 상당히 가깝다. 또 다른 설문에서 불안을 호소하는 답을 선택한 젊은이는 어떤가. 여기에는 스쿨카스트 하위 30퍼센트의 젊은이가 많이 포함된 것은 아닌가 하는 생각이 든다. 결국 '같은 젊은이가 모순된 답을 했다'기 보다, 각각 답을 한 그룹이 엇갈렸다고 생각하면 앞뒤가 맞아 떨어진다.

:

'자신의 진짜 모습을 알아봐주고 긍정해주기 바라기'

보다는 '캐릭터로서의 자기를 받아들여주기 바라는'

욕망에 가깝다고 보는 것이 맞다.

자신의 캐릭터는

잘 모른다

지금까지의 고찰을 잘 정리해보면 자상적 자기애를 새롭게 바라볼 수 있다. 자상적 자기애는 '캐릭터가 받는 인정'과는 정반대라 할 수 있는 '캐릭터에 대한 혐오'가 아닌가 하는 의심이다. 다시 말하면 이렇다. 자기애 그 자체는 본래의 자기 모습을 향한 것임에도 불구하고 자신에게 부여되는 캐릭터는 좀처럼 받아들이기 어렵다. 이 틈새에서 자상적 자기애가 생겨났다는 것이 필자의 가설이다.

여기서 중요한 것은 '본래의 자기 모습'이나 '캐릭터'를 그 당사자가 정확하게 인식하고 있다고 단정하기 어렵다는 점이다. 보통 대부분의 사람은 진짜 자기에 대해 단편적인 이야기밖에 할 수 없다고 생각한다. 그러면 캐릭터에 대해서는 어떤가. 앞서 인용한 세누마 후미아키의 저서 《캐릭터론》에서 자신의 캐릭터에 관한 질문에 의외로 제대로 답을 하지 못한 학생들처럼 결국 자신의 캐릭터는 정확하게 설명하기 어렵다.

이에 대해 엄밀하게 표현하자면 꽤나 복잡해지는데, '캐릭터에 어울리는 행동거지'는 자동차의 반자동 운전과 같아서, 정밀한 계획이나 컨트롤에 기초한 연기는 아니라고 생각한다. 그런 의미에서 캐릭터에 걸맞은 행동을 하려는 사람은 자기 주체성을 장소나 공간의 전후 사정과 인간관계의 형태에 맡기고 있다고 보는 것이 가능하다.

따라서 캐릭터란 능동적으로 '수행하는' 것 혹은 수동적으로 '수행하게 하는' 것이라고 말하기 어렵다. '중동태'에 가깝다고 할 수 있다. 그 장소의 분위기가 캐릭터를 생성하는 상태라고 표현하는 것이 가장 적합하다. 캐릭터를 연기하고 있는 순간의 자의식, 이 또한 나름 흥미로운 주제이지만 여기까지 하도록 하겠다.

어쨌든 이렇게 본인의 캐릭터를 잘 모르는데도 왜 '캐릭터에 대한 혐오'와 같은 말이 성립되는 것일까. 자신을 혐오하는 자상적 자기애자 대부분이 "아니다, 이럴 리가 없다"는 하소

144

연도 하지만, 이들이 호소 저변에는 모두 '이상적인 내 모습'
의 이미지가 있다.

결국 자상적 자기애는 이상적인 나 혹은 이상적인 타인의
관점에서 '못난 내 자신'을 비판하는 형태로 표명된다. 앞서
기술했던 바와 같이 '이상적인 내 모습'을 고집하는 것이 자
존심이다. 물론 '이상적인 내 모습'의 이미지라는 것이 그렇게
선명하고 구체적이지는 않다. 그저 막연하게 '잘 나가는 동년
배'의 모습과 자신을 비교하는 것에 불과할지 모른다.

이 때 '자기 자신에 대한 고집', '정확한 자기인식', '이상
적인 내 모습에서 오는 자존심'이 자기애를 떠받친다. 하지만
타인과 나를 계속 비교하는 자존심 때문에 현상적 나 자신은
철저하게 부정적인 '캐릭터'가 된다. 그 결과로 그 캐릭터의
주체인 '나'로부터 거침없는 비판과 혐오를 받는다. 여기에
는 자신의 캐릭터가 전부 부정당했다는 트라우마도 함께 작
용한다.

부정적 캐릭터는 대개 관념적이다

한때 카스트 하위층이었던 경험이 가져오는 나비효과가
있다. 주로 사춘기에 음성적 캐릭터가 부여되면 그 경험은 트
라우마가 되어 장기간에 걸쳐 영향을 끼친다. 시간이 흘러 사
회적인 성공을 손에 넣고 학생시절과는 비교도 안 될 만큼 엄
청난 인정을 받는 위치에 있다고 해도 그 트라우마는 쉽게 불
식되지 않는다.

실은 필자 자신도 대학생 시절 '음울한 캐릭터'였을 당시
의 이미지에서 아직 벗어나지 못하고 스스로 끌려 다니는 면
이 있다. 딱히 캐릭터로 이용당하거나 괴롭힘을 당한 것은 아
니다. '모두 나를 그렇게 생각 할 것이다'라고 생각하는 것만
으로도 그 경험이 트라우마가 되는 것 같다. 어이없게도 당시
카스트 상위였던 '밝은 캐릭터'인 동기를 동창회에서 마주치
게 되면 지금까지도 주눅이 들고 경계심마저 품게 된다. 벌써
환갑을 훌쩍 지난 나이인데도 말이다. 이런 경험이 아마 필자
에게만 있지는 않을 것이다.

긍정적 캐릭터는 그 대상의 폭이 넓고 다양성도 있다. 하지
만 부정적인 캐릭터는 대부분 상당히 평면적인 이미지로 국한
시킨다. '인기 없는', '키모오타*', '너드', '방구석 찐따' 등의

이미지가 있는데, 이것들은 거의 단순하고 일반적으로 정형화된 관념적 캐릭터들이다. 만일 자신의 캐릭터에 대한 현재의 인식 상태를 '캐릭터 자기인식'이라고 했을 때, 자상적 자기애자의 캐릭터 자기인식은 자기 자신에게 일반적이고 엉성한 고정관념을 들이대고 그것을 끊임없이 비관하는 것이다.

그래서 이들은 "나의 이런 점이 싫다"는 식으로 말하지 않는다. 그냥 막연하게 "내가 싫다"고 말한다. "어떤 점이 싫은데?"라고 물어도 "모든 게 다", "전부"라고 답할 뿐이다. 이런 대답이야말로 이들이 자신의 캐릭터에 대해 제대로 인식하고자 하는 의지가 없음을 보여주는 것 아니겠는가. 이들의 캐릭터 자기인식은 "다 괜찮아"와 "다 싫어" 둘 중 하나 즉, 흑백논리 안에 있다.

하지만 이것은 적어도 캐릭터로서의 자신에 대한 부정인 것이지 자기 자신 그 자체를 부정하는 것은 아니다. 비난의 원동력이 되어주는 자존심도 결국은 자기애의 형식 중 하나이기 때문이다. 이렇게 자기애 때문에 자기를 계속 부정하는 악순환이 성립하는 것이다.

---

* '기분 나쁜'이라는 의미의 일본어 '키모이きもい'와 오타쿠를 합성한 단어로 '괴이한'이라는 뜻(옮긴이)

'신형 우울증'의 탄생

이제부터는 인정 의존이 그 배후에 있을 것이라 생각 되는 몇 가지 현상에 대해 살펴보고자 한다. 필자의 추정에 의하면 '신형 우울증', '발달 장애', '음모론' 이 세 가지를 들 수 있다. 물론 이것이 전부는 아니지만 비교적 잘 알려진 새로운 현상을 예로 들어보려 한다.

정신의료에 있어 질병의 구조는 그 시대와 함께 변화해왔다. 1970~1980년대 정신의학의 중심은 정신분열증에 있었다. 하지만 그 이후 기분 장애와 발달 장애가 급속히 증가하면서 관심의 중심도 크게 변화했다. 발달 장애에 대해서는 뒤에서 보기로 하고, 여기에서는 우울증에 대해 설명하려고 한다.

일본 후생노동성의 '환자조사' 실태에 의하면 1996년에 43.3만 명이었던 우울증 총 환자 수는 1999년 44.1만 명, 2002년 71.1만 명, 2005년 92.4만 명, 2008년 104.1만 명으로 10년이라는 짧은 기간에 두 배 이상 증가했다. 이렇게 급격하게 증가한 예를 다른 질환에서는 찾기 힘들 정도다.

이와 함께 주목해야 할 점은, 최근 증가한 것으로 알려진 우울증의 대부분이 종래의 형태와는 이질적이라는 이유에서 '신형 우울증'으로 불리게 되었다는 사실이다. 그 특징에 대해서는 나중에 다루도록 하고 먼저 왜 우울증이 급증했는지 살펴보도록 하자.

가장 먼저 고려할 문제가 바로 미디어의 영향이다. 철학자 이언 해킹Ian Hacking은 이 문제와 관련해, 어떤 질환에 관한 정보가 재귀再歸적으로 해당 질환의 환자를 증가시킨다고 하는 '고리효과looping effect'를 짚어내고 있다. 제약회사의 정보 조작, 질병 조장disease mongering이 그러한 메커니즘이다. 일본에서 1999년에 전개되었던 '우울증은 마음의 감기' 캠페인은 정신과 검진의 문턱을 낮추기 위해 시작했으나 의도와는 다르게 환자 수의 증가를 부추기는 결과를 낳았다.

더구나 그 배경에는 1990년대 일본에서 급속하게 퍼진 '사회의 심리학화(심리학 또는 정신의학이 인간탐구의 중심이 되는 것)' 현상이 있었다. 조금 더 단순한 이유로는 항우울제의 개선율과 치료율 사이의 격차가 있다. 새롭게 도입된 신약인 SSRI를 비롯한 항우울제는 부작용이 적은 데 비해 효과는 그다지 높지 않아, 개선율이 약 80퍼센트임에도 치료율은 약 40퍼센트에 불과하다. 결국 '증상은 좋아지지만 완전히 낫지는 않는' 환자가 계속 늘어가는 것인데, SSRI을 도입한 대부분의 선진국에서 우울증이 증가한 것은 아마도 이것과 깊은 관계가 있지 않을까 한다.

우울증이 증가한 요인에 대해서는 이 정도로 해두려 한다. 일본 언론은 증가한 우울증의 대부분을 신형 우울증이라고 표현했다. 사실 종래의 우울증과는 이질적 특징을 갖고 있는 우울증이 증가했다는 것이 더 정확한 표현이다. 신형 우울증은 일본 언론에서 쓰는 용어이므로 앞으로 여기서는 '현대형 우울증'으로 통일하고자 한다.

현대형 우울증의 가장 큰 특징은 경증이면서 낫기 어렵다는 것이다. 두 번째 특징은 환자 본인의 본래 삶의 방식인 '성격'과 '증상'의 구별이 애매하다는 점이다. 이 우울증의 성격적 경향은 자기중심적이고 책임을 타인에게 전가하는 것이다. 가끔 '직장에 병가를 내고 해외여행을 가서 여론의 빈축을 사는' 등의 에피소드가 뉴스에 나오기도 한다.

이 병이 경증임에도 낫기 어려운 이유는 병증보다는 삶의 방식이 주는 영향이 더 크다는 데에 있다. 보통 '병을 고치는' 것보다 '삶의 방식을 바꾸는' 쪽이 훨씬 어렵다. 현대형 우울증의 원인은 대부분 과로나 직장 스트레스에 있는 것으로 알려져 있다. 종래의 전형적인 우울증은 내인성 질환으로 분류되는 데다 특별한 원인이 없이 발병하는 경우가 많은데 이 점 또한 서로 다르다. 그래서 '현대형 우울증'에 걸리는 젊은이는 너무 '맷집이 약하다'는 비난을 받기도 한다.

이런 안이하고 무책임한 비난에는 동의하고 싶지 않다. 다만 현대형 우울증 발병의 주된 요인의 하나로 '인정받지 못하는 상처'가 있다는, 또한 젊은 세대일수록 이 '인정받지 못하는 상처'에 취약하다는 점에는 동의한다.

개인적인 생각으로, 젊은 경도 우울증 환자는 정신요법에 특성화된 젊은 의사가 담당하는 것이 비교적 치료에 효과적이라고 본다. 이미 치료 현장에서 이런 경향이 일반화되었다면, 전문지식이나 치료기술 외의 요인이 작용하고 있는 것이다. 젊은 의사의 높은 공감력이 치료관계(신뢰관계) 성립을 용이하게 한다. 그 어떠한 치료도 신뢰관계가 충분하지 않은 채로 성공하기는 어렵다. 또 젊은 세대의 환자일수록 공감력은 신뢰관계의 출발점으로 중요한 역할을 한다. 젊은 환자는 자기 이야기를 열심히 경청하는 상대를 신뢰하지 노골적으로 꾀병취급을 하거나 설교하며 가르치려 드는 의사는 신뢰하지 않는다.

결국 넓은 의미에서 자신을 '인정'해주는 의사가 아니면 치료관계가 성립하기 어렵다는 것이다. 이러한 사실에서 '현대형 우울증'이 증가하는 현상에도 '인정 의존' 경향이 깊이 관여하고 있다고 본다.

젊은 세대와 장년 세대를 비교했을 때 업무 양이나 난이도에서 오는 스트레스에 대한 내성은 크게 변하지 않았다고 본다. 오히려 컴퓨터를 다루는 기술을 비롯해 젊은 세대가 쉽게 처리할 수 있는 업무가 더 많다. 다만 대인관계 스트레스에 대한 내성만은 확실히 변화했다.

특히 직장 상사의 말 한마디에 상처를 입고 우울 상태에 빠지는 케이스는 눈에 띄게 증가하고 있다. '직장 내 괴롭힘', '갑질' 같은 용어의 일반화도 이러한 스트레스가 강조되고 있다는 방증일 것이다. 대인관계에서 오는 스트레스 문제는 계속 증가하는 경향이고, 이것이 복잡하게 꼬이면 우울증의 원인이 되기도 한다.

재차 반복하지만, 젊은 세대 취업의 동기는 '인정을 위해'서다. 그래서 더욱 직장 내 갑질뿐 아니라 대수롭지 않은 주의나 지적까지도 그것을 하는 사람의 의도와는 별개로 '인정의 철회'나 '패배를 인정'하는 의미로 엮어서 스스로 궁지에 몰아넣는 것이다. 여기서 중요한 것은 비난의 내용은 대부분 문제가 되지 않고 비난받았다는 사실을 인정 철회로 단락 짓고 단순화하기 쉽다는 점이다.

여기까지의 흐름을 정리해보면 이렇다. 직장에서의 인정 의존 경향이 '인정 철회'라는 과민반응을 불러오고, 이로 인한 상처, 스트레스가 우울증 발병으로 이어지기 쉽다. 현대형 우울증의 모든 환자가 자상적 자기애를 호소하는 것은 아니지만 이들 중 일부가 그런 고충을 호소하고 있는 것 또한 사실이다. 이들의 호소는 처음에는 무작정 타인에게 책임을 전가하고 자기중심적으로 보이는 경우도 있지만 차츰 관계성이 깊어지면서 실은 부정적 자기 이미지(캐릭터)에 고통 받고 있다는 것을 알게 되는 케이스가 많다.

자상적 자기애자는 종종 일부러 '타인에게 책임을 돌리고 자기중심적인 캐릭터를 연기'하는 때가 있다. 의도적인지 아닌지 알 수는 없으나 그렇게 함으로써 자기애를 지키려한다는 사실은 변함이 없다. 이것이 현대형 우울증이 증가하는 배경에 이 사회의 인정 의존적 경향이 있다고 추측하는 이유다.

'발달 장애'의 캐릭터화

현대 사회는 일종의 '발달 장애 대유행'이라고 해도 과하지 않다. 지인인 한 소아과 교수는 이러한 상황을 적확하게 짚어 '발달 장애 버블'이라고 표현하고 있다. 최근 많은 유명인이 아스퍼거 장애나 ADHD(주의력결핍 과다행동장애)를 커밍아웃하고 있다. 이들 모두가 엄밀한 진단에 기초한 것이라고 볼 수는 없지만, 언뜻 보기에 사회에 잘 적응하고 있는 사람이나 성공한 사람들도 실은 '발달 장애'를 안고 있다는 어떤 정형화된 내러티브가 정착했다는 느낌이 든다. 이와 마찬가지로 특수 영재나 서번트 증후군과 같이, 일상생활 능력이 심하게 뒤떨어진 사람에게 어떤 특별한 재능이 있다는 식의 내러티브도 일반화되었다.

이들이 타고난 특별한 재능의 이미지가 널리 확산되면서, 발달 장애에 대한 인정을 얻기가 쉬워지고 당사자도 커밍아웃하는 데 부담이 없어졌다. 동시에 개인의 질병에 관한 이야기가 많은 이에게 '인정'을 받는 유효한 콘텐츠로서의 기능을 하게 된 것이다.

근래에 발달 장애가 급증하는 추세는 특히 일본에서 눈에 띈다. 이전 '전반적 발달장애'라 불리던 장애의 유병률은 일본에서는 약 2퍼센트인 것으로 알려져 있는데, 이는 미국 유럽 등지에서 이뤄진 조사 결과의 거의 두 배 이상이다. 일본 문부과학성이 2012년에 발표한 조사보고에 의하면 공립 초·중학교에 다니고 있는 보통 학급의 학생 중에서 발달 장애 가능성을 보이는 아동이 실제 6.5퍼센트가 넘는 것으로 알려졌다.

발달 장애가 선천적인 뇌 기능 장애라는 점을 생각하면, 이렇게 눈에 띄게 높은 일본의 유병률은 기이한 현상이라 할 수 있다. 개인적인 경험에 비추어봤을 때, 전문의와 비전문의를 떠나 '발달 장애' 진단 소견으로 찾아온 환자의 오진율이 극단적으로 높다는 느낌을 받는다. 소아과 전문의가 아닌 필자가 '오진'이라 단정할 수 있는 근거는 이들이 '다 나았다'는 데에 있다.

다시 말하지만 발달 장애는 '선천성 뇌기능 장애'이므로, '치료'나 '치유'라는 표현이 적절하지 않다는 것이 일반적인 상식이다. 기이한 이야기지만, 완치가 되었다는 사실이 바로 이것이 오진이었다는 것을 역으로 말해주고 있다.

ASD(자폐 스펙트럼 장애) 진단에서 중시되는 것은 다음의 세 가지 장애이다.

① 사회성 장애
② 커뮤니케이션 장애
③ 상상력 장애

③의 경우는 다소 이해하기 어려울지 모르지만, 역할 놀이나 모방 놀이가 원활하지 않고, 특이한 부분에 집착하거나 그것에 기초한 기이한 행동을 보이는 증상을 가리킨다. 발달 장애 버블이라고까지 평할 수 있는 이러한 일본 고유의 현상, 그

배경에는 앞에서 기술한 커뮤니케이션 능력 편중주의가 있다.

커뮤니케이션 능력이 낮은 사람들, 협조성이 결여된 사람들은 젊은 세대 사이에서 커뮤니케이션 장애나 아스퍼거 증후군으로 불리며 야유를 받는다. 이렇게 부르는 사람에게는 가벼운 표현일지 모르나, 이 말 속에서 듣는 당사자를 은밀하게 차별하는 발상이 엿보인다.

상황이 복잡해지는 이유는, 단순히 한 개인이 집단에서 배제되는 것으로 끝나지 않는다는 데에 있다. 최근 소설이나 만화에서 ASD 특성을 가진 주인공 캐릭터가 확연히 늘어나고 있다. 인기 작품 〈데스 노트〉에 등장하는 L이라는 탐정이 그 전형이다. 이렇게 지능은 비정상적으로 높은데 사회성이 결여돼 있고 다양한 방면에 집착을 보이는 강렬한 캐릭터가 엔터테인먼트 작품의 주요 인물로 자주 등장한다.

그러한 설정의 좋은 보기로 아스퍼거 증후군의 인기가 특히 높다. 유명인 중에 아스퍼거 증후군을 커밍아웃하는 사람이 많은데, 이를 단순히 아스퍼거 캐릭터 정도로 인식하는 사람이 적지 않은 것 같다. 결국 ASD는 현실, 즉 일상생활에서는 협조성이 결여된 난감한 존재로 배제하려 하지만 예술이나 비일상에서는 캐릭터로서 꽤 인기를 얻는, 뒤틀린 수용방식에 의해 인식되고 있다.

이러한 '발달 장애 버블' 현상의 배경에도 인정 의존이나 캐릭터 문화가 자리하고 있다고 생각한다. 이것은 어떤 의미일까. 인정 의존 문화 아래에서는 인정에 요구되는 커뮤니케이션 스킬이나 관계 형태의 수준이 이전보다 훨씬 높아졌다.

예전의 필자가 지금의 젊은이 집단 안에 있다면 커뮤니케이션 장애 내지는 아스퍼거 증후군 딱지를 붙이고 있을 가능성이 높다. 개인적으로는 낙인을 찍는 사회가 비정상이라고 강하게 생각하지만, 이것과는 별개로 상당히 힘든 경험을 할 수밖에 없을 것이라고 상상이 된다.

인정에 요구되는 수준이 높아진 결과, 사람들이 '비정상'을 대하는 감수성도 함께 높아졌다. 별것 아닌 특이점 하나만 발견해도 비정상이라는 낙인을 쉽게 찍는다. 옛날이라면 '분위기 파악을 못하고 종종 이상한 행동을 하는, 고립되기 쉬운 괴짜' 정도로 그칠 것이 지금은 "저 사람은 아스퍼거잖아 그러니까…" 하는 상황이 일어난다. 이러한 풍조는 분명 잘못됐으며 그 배경에는 인정(관계) 의존이 존재한다고 확신한다.

이와는 다르게 전형적 타입의 발달 장애는 일상생활 속에서 '캐릭터'로 확립되어 있다. 자신이 속한 곳에 잘 적응하고 본인의 자의식이 혼동을 일으키지만 않는다면 ASD 캐릭터, 아스퍼거 캐릭터는 친근한 존재가 될 수도 있다. 만화나 애니메이션 등의 가상 세계에서 이러한 캐릭터가 넓게 수용될 수 있었던 이유다. 다만 이런 관용적인 수용이 희귀동물 취급과 유사하게 차별이나 편견을 더 강화하는 애정이 아닐까 생각해봐야 한다.

자상적 자기애자도 자기 자신에게 낙인을 들이대는 경우가 있다. '내가 못난 것은 발달 장애 탓이고 이 병은 선천성 뇌 기능 장애이기 때문에 평생 나을 수 없다. 그래서 이 상황을 바꾸려는 그 어떠한 노력도 다 소용없는 짓이다'는 논리를 편다. 이것은 당연히 잘못된 논리이며 이 진단을 받은 사람 모두에 대한 편견을 더 확장한다는 의미에서 분명히 문제가 있다.

인정 욕구에서 가짜 뉴스로

트럼프 대통령 시대 이후 세상에는 '페이크 뉴스', '포스트 트루스'라는 말이 넘쳐났다. 이것은 트럼프 정권만의 이야기가 아니다. 팬데믹이나 러시아의 우크라이나 침공 등에 관해 상식과 과학에 반하는 주장을 확신하고, 더 나아가 당당하게 퍼트리는 사람이 적지 않다. 이들은 주장에 대한 비판을 받아들이기는커녕 같은 주장을 하는 사람과 연대해 일정 수의 지지자를 결집하기도 한다. 대체 왜 그러는 걸까.

음모론에 빠졌다가 도로 빠져나온 경험이 있는 사람이 그 이유를 설명해준다면 참 좋겠지만 그런 사람이 결코 많지 않다. 무엇보다 음모론에 빠진 적이 있다는 사실 자체가 부끄러워 당연히 그것에 대해 말하고 싶지 않을 것이다. 그런 와중에도 트위터(현 X)에서 귀중한 증언을 발견했다. 배우이면서 음모론 의존증 당사자인 다카치 노보루高知東生의 트위터 글에서였다. 여기에 몇 가지 인용해보았다.

 高知東生 ✔ @noborudakachi

이렇게 말하는 것이 정말 부끄럽지만, 나는 음모론을 믿었다. 동료들과 이야기하다 '다카치 씨의 정보는 너무 치우쳐있어요'라는 말을 듣고 정말 놀랐다. 유튜브라는 게 내가 보고 있는 관련 동영상이 계속해서 끝없이 나오는 구조라니… 전혀 몰랐기 때문에 누가 알려주지 않았더라면 정말 큰일 날 뻔했다.

2021-01-29 21:04:25

高知東生 ✓ @noborudakachi

나는 '인간은 그 내면을 읽어라'는 말을 금언으로 삼아왔다. 이번에 유튜브를 너무 많이 본 나머지 위험한 음모론에 빠질 뻔했던 사실은 반성하고 있다. 하지만 잘 생각해보면 이런 구조인 줄 정말 몰랐다. 애초에 나는 아무런 지식이 없으면서 지식을 쌓기 위해 노력하는 것을 귀찮아했다. 하지만 '열심히 노력하지 않았음에도 그 내막을 다 알고 있는 위치에 올라갔다'는 느낌이 들면서 정말 쉽고 편하게 똑똑해지는 기분이 들었다.

2021-01-31 23:33:57

이것은 용기를 내지 않고서는 좀처럼 하기 어려운 증언이다. 다카치 노보루는 '지식이 없다', '똑똑하지 않다'고 자신을 비하하고 있지만 이러한 절도 있는 분석은 대단한 지성의 산물이다.

이어지는 다카치 노보루의 논지를 정리하면 이렇다. 어떤 종류의 인간들은 단정적으로 결론을 딱 잘라 단순하게 말해주는 사람의 이야기에 빠져든다. 그들의 이야기는 이해하기 쉽다. 전문가의 설명은 이런저런 각도에서 복잡한 논의를 전개해서 어렵고 결론도 모호하기 때문에 사람들이 꺼린다.

자신의 지성에 자신이 없는 사람들은 유튜브나 SNS에 돌아다니는 단순한 '이면의 정보(알고 보면 내막이랄 것도 없는데 무언가 있는 것처럼 보이는 정보)'에 끌려 다니기 쉽다. 왜일까. 이면의 정보는 '표면적인 지식(일반 상식, 근거 있는 정보)'의 메타 레벨이기 때문이다.

즉 '세상에는 이런 식으로 알려져 있지만 사실은…' 이런 식의 논리이다. 노력을 들여 표면상의 지식을 얻는 것보다, 쉽고 빠르게 이해할 수 있는 비주류 지식으로 상대를 휘어잡는 쾌감이 거기에 있다.

그저 남의 일만은 아닌 것이, 필자도 학생 시절 칼 융의 '동시성 현상Synchronicity'이나 '만다라曼茶羅' 같은 오컬트 신비주의에 빠질 뻔했던 경험이 있다. 지적 콤플렉스를 어떤 이면의 지식으로 한 방에 충족하고 싶은 심정은 십분 공감한다. '이제 완전히 다 알겠다!'는 쾌감 역시 지성의 작용이지만 동시에 대단히 위험한 유혹이기도 하다.

'나는 이 구조의 내막을 다 알고 있다'는 쾌감은 개인으로 끝나지만 이것이 커뮤니티 안에서 공유되면, 거기에 '동료로서 인정받는다'는 쾌감이 더해진다. 다시 말해 '세계의 이면의 진실을 공유하고 있는 집단에 속해있다', '나도 동료와의 관계를 인정받고 있다'는 쾌감이다. 이것은 단순한 자기만족을 넘어선 쾌락을 안겨주기 때문에 빠져나오기가 더욱 어려워진다.

다카치 노보루는 다행히 이러한 집단에 속하지 않은 단계에서 무언가 잘못됐음을 알아챘다. 여기에 캐릭터의 요소가 더해졌는지 아닌지는 모르지만, 음모론이 만연하는 현상에도 '인정 의존'이 한몫하고 있음은 틀림없다.

4장

과거의
저주를 풀다

'은둔형 외톨이'는

누구든 될 수 있다

지금까지는 자상적 자기애를 만드는 사회적·문화적 배경에 대해 기술해왔다. 이즈음에서 혹시 정신과의사라면 사회나 문화에서 원인을 찾기 이전에 개인적 요인에 대해 우선 기술하는 것이 일반적이지 않느냐는 의문이 생길지도 모르겠다.

맞는 말이지만 한 가지 변명을 하자면 이렇다. 은둔형 외톨이 전문가로서, 은둔형 외톨이가 되는 데에 작용하는 개인적 요인이 결코 적다고는 할 수 없다. 하지만 은둔형 외톨이에 관해서 맨 처음 책을 쓸 때도 당사자의 개인적인 요인에 대해서는 거의 다루지 않았다.

어떤 의미에서 당연한 얘기인데 은둔형 외톨이는 등교거부와 마찬가지로, 세상 어느 가정의 아이에게도 생길 수 있다고 생각하기 때문이다. 다시 말해 은둔형 외톨이는 지금의 사회나 문화적 배경 요인 아래에서라면 누구든 될 수 있다. 그럼에도 굳이 부모의 양육방식이나 개인의 트라우마 같은 요인을 엮자면 상당한 모순에 부딪히고 만다.

같은 맥락에서 '자상적 자기애'도 누구에게든 생길 수 있는 '문제'다. 부모와의 관계로 인해 그렇게 되는 사람이 있는가 하면, 스쿨카스트로 상처 입거나 등교거부 그리고 은둔형 외톨이 생활의 경험 때문에 이 상태에 빠지는 사람도 있다.

그럼에도 불구하고 자상적 자기애는 원인을 명확히 특정할 수 없는 주관적 증상이면서, 병리적이라고 하기에도 다소 무리가 있다. 물론 자상적 자기애는 '살아가기 힘든' 요인이 될 수는 있다. 하지만 그것 때문에 사회적 기능을 하지 못한다고 단정할 수 없다.

뒤에 설명하겠지만 자상적 자기애를 완전하게 해결하기보다는 적당히 함께 안고 살아가는 방식도 나쁘지는 않다. 스스로 은둔형 외톨이 생활을 선택하는 사람이 있는 것처럼, 자상적 자기애를 인정하고 더불어 살아가는 인생도 얼마든지 있을 수 있다는 이야기다.

여기서 또 한 가지, 자상적 자기애라는 거창한 이름까지 붙여가며 설명하지만 사실 '어덜트 칠드런AC'과 같은 개념 아닌가? 하는 의문이 생길 수도 있다. AC도 자존감이 매우 낮다는 점에서 아예 닮지 않은 것은 아니다. 당연한 이야기이지만 AC란 단순히 '어린아이 같은 어른'이라는 의미의 말이 아니다. 알코올 중독 환자의 가정에서 자라 어른이 된 사람, 즉 adult children of alcoholics의 약자이다. 맨 처음 미국의 의존증(중독) 치료 임상 현장에서 생겨난 말인데, 일본에 소개되면서 크게 유행했다*.

일본에서는 본래의 '알코올 중독 환자의 가족'이라는 말이 쏙 빠지고 학대나 가정 내 폭력(DV) 등이 일어나는, 가족의 기능을 전혀 못하는 가정에서 자란 사람이라는 넓은 의미의 말로 보급되었다. 1990년대 후반에 돌았던 유행이 2000년대에 들어 사그라지면서 현재는 거의 사용하지 않게 되었다.

AC에 대한 상세한 설명은 하지 않겠지만 이 말은 의학용어도 진단명도 아니다. '자상적 자기애'처럼, 개인의 자각을 유도하는 용어일 뿐이다. 막연한 삶의 고통이 사실은 가족의 기

---

*   adult children, 1995년 가정 폭력을 행사한 알콜중독자 계부 밑에서 자란 미국 빌 클린턴 대통령이 어머니와 형제를 보호하면서 성장한 어린 시절을 인터뷰를 통해 고백하며 자신을 '어덜트 칠드런'이라 지칭해 널리 알려진 용어

능을 못하는 가정환경 때문이었다는 이 깨달음이, 수많은 사람들을 구했다.

AC와의 관련성을 언급하지 않았던 이유가 있다. 그 첫 번째는, AC라는 용어에 '가족의 기능을 하지 못하는 가정환경에 원인이 있다'는 원인론이 확실하게 내포되어 있기 때문이다. 다시 말하지만 자상적 자기애의 원인은 매우 다양하다. 이러한 원인론에 매몰되지 않기 위해서라도 개인적 요인과는 거리를 두어야 한다는 생각이다.

그 다음 이유가, AC와 자상적 자기애의 상태가 일치하지 않는다는 점이다. 타케무라 미치오竹村道夫는 《어덜트 칠드런 アダルトチルドレン》에서 AC의 특징을 다음의 항목으로 설명하고 있다.

- 자기 판단에 자신이 없다.
- 언제나 타인의 동의와 칭찬을 필요로 한다.
- 자신은 타인과 많이 다르다고 믿는다.
- 상처받기 쉽고, 은둔의 위험이 있다.
- 고독감, 자기 소외감.
- 감정의 너울이 심하다.
- 어떤 일을 끝까지 해내기 어렵다.

- 습관적으로 거짓말을 한다.

- 죄책감을 느끼기 쉽고, 자기 비판적, 자학적이다.

- 심하게 자책하는 반면 무책임하다.

- 자기 감정의 인식, 표현, 통제가 서툴다.

- 자신의 능력 밖의 일에 과잉반응을 한다.

- 누군가를 돌보는 일에 열중하려고 한다.

- 필요 이상으로 자기희생적이다.

- 어떤 일에 빠져들기 쉽고, 방향 전환이 어렵다. 충동적으로 행동한다.
  따라서 트러블이 많다.

- 타인에 의존적이다. 또는 반대로 대단히 지배적이다.

- 마음 편하게 즐기지 못한다.

이처럼 상당히 비슷하지만 '거짓말을 한다', '심하게 자책한다'처럼 동떨어진 항목도 있다. 필자가 '자상적 자기애'의 개념을 발안한 것은 진단이나 병의 원인을 특정하기 위해서가 아니라 당사자, 즉 본인이 스스로 깨닫기를 기대하는 마음에서였다. "당신의 '내가 정말 싫어' 뒤에는 사실 '내가 좋아'가 있는 건 아닌지 생각해 보셨나요"라고 짚어주면서 당사자가 한 단계 더 깊이 자성하길 바라는 그런 마음이다.

또한 그 원인이라는 것이 '원인을 안 것만으로 해결이 되는', '원인을 알게 됨으로써 해결에 다가가는', '원인을 알았음에도 해결 방법이 보이지 않는(부모가 이 세상에 없는 경우 등등)' 등등 다양한 대응방식이 존재하기 때문에 그 이후에는 각자 대처할 수밖에 없다. AC라는 용어에는 반드시 '부모 탓'이라는 원인이 따라오기 때문에 이러한 상황은 피하고 싶은 바람도 있었다.

이제까지 봐왔던 AC를 설명하는 말 중에서 가장 적절한 표현은 '자기 책임의 범위를 알지 못하는 사람'이다. 온갖 나쁜 일에 과한 책임을 느낀 나머지 오히려 책임 있는 행동이 무엇인지 전혀 알지 못하는 사람을 말한다. 이러한 부분도 자상적 자기애자와는 거리가 있다. '모든 것이 내 잘못'이라는 생각이 '내가 싫어'라는 마음으로 이어질 수는 있어도, '내가 싫어'라는 마음이 '모든 것이 내 잘못'이라는 생각으로 진전되지는 않기 때문이다.

'자상적 자기애'의 남녀 간 차이

어덜트 칠드런 이야기를 굳이 꺼냈던 이유는 자상적 자기애에 미치는 가족의 영향을 설명하기 위해서이다. 지금까지 양육환경 이외의 요인으로 트라우마 경험과 이 경험에서 생기는 부정적인 캐릭터를 내면화하고 결과적으로 그 캐릭터에 혐오감을 품는 구조를 설명했다. 원래 건강한 자기애를 갖고 있던 사람이라 하더라도 이러한 경험을 한다면 자상적 자기애로 발전할 가능성이 충분히 있다는 설명도 했다.

하지만 '부모의 양육 방식'도 대단히 큰 요인으로 작용한다. 정신과의사로 경험한 진료 범위 안에서는, 남성에 비해 여성의 자상적 자기애가 부모로부터 기인하는 경향이 많았다. 물론 남성도 부모의 학대 등으로 자상적 자기애자가 되는 경우가 있다.

다만 그런 경우는 일반적으로 단순한 자상적 자기애자라기 보다는 AC적인 갈등이 내재된 경우가 많다는 생각이다. 두말할 필요도 없는 이야기지만, 학대는 지극히 심각한 피해를 초래한다. AC는 그나마 경증인 부류에 속하며, '복합성 PTSD(외상 후 스트레스 장애)'와 같은 심각한 정신 장애에 이르는 경우도 그리 드물지 않다. 모두 자상적 자기애적인 갈등을 동반하지만 그렇더라도 이것은 이미 '주요 증상'에 들지도 않는다.

이 책의 테마 자상적 자기애란, 확실하게 질병이라 할 수는 없지만 장기적으로 QOLquality of life을 심하게 떨어뜨릴 수 있는 갈등 구조다. QOL은 일반적으로 '생활의 질'이라고 하지만 이 책에서는 '인생의 질'이라 표현하고 싶다. 부단한 노력 끝에 그럭저럭 사회에 적응은 했으나, 만성적인 '생활 속 고통'이 끊이지 않는 상태가 바로 자상적 자기애인 것이다.

남성의 자상적 자기애는 그 원인이 부모의 양육방침 한 가지에만 있는 경우가 많지 않다. 오히려 사춘기 이후의 인간관계, 스쿨카스트, 집단 따돌림 피해, 등교거부, 은둔형 외톨이 생활, 연애경험의 결핍, 나이에 상응하는(또는 그렇게 여겨지는) 사회경험의 결핍 등에서 유래하는 케이스가 압도적으로 많다.

반대로 여성의 경우는 각기 사정이 조금씩 다르다. 앞서 기술한대로 여성의 경우는 부모와의 관계, 그것도 어머니와의 관계가 미치는 영향이 남성에 비해 월등히 높다. 그런 점에서 여성의 자상적 자기애는 남성의 그것과는 전혀 다른 새로운 증상일지도 모른다는 생각까지 든다.

어머니는 딸의 신체부터 지배한다

여기서부터는 주로 모녀 관계의 특수성에 초점을 맞추고자 한다. 모녀 관계에는 아버지와 딸, 어머니와 아들, 아버지와

아들 사이에는 볼 수 없는 특수성이 있다. 단적으로 말하자면 모녀 관계는 때때로 무의식적인 지배 관계에 빠지기 쉬운데, 어머니와 딸 모두 이에 대한 자각이 없기 때문에 종종 문제가 복잡하게 꼬인다.

최근 들어 '나쁜 부모'라는 말을 자주 접한다. 쉽게 말해 자녀에게 독이 되는 부모라는 뜻이다. 이 말은 당연히 학대하는 부모를 포함하지만, 대부분의 경우 신체적 폭력보다는 명확히 구분이 되지 않는 심리적 폭력을 계속해서 휘두르는 부모라는 의미로 사용되고 있다. 딸이 어머니를 고발하는 목소리가 압도적으로 많다고 느낀다.

나쁜 부모라고 모두 비슷한 양상을 띠는 것은 아니다. 과하다 싶을 정도로 억압적인 어머니 아래서 고통당하는 딸이 있는가 하면, 반대로 어머니에게 밀착해 절대 떨어지지 않아 갈등을 유발하는 딸도 있다. 때로는, 옆에서 보기에 아주 사이좋은 친구 같지만 우연한 찰나에 수면 아래에 감춰져 있던 진흙탕 싸움을 보게 되는 경우도 있다.

물론 아버지-아들 관계 또한 무시할 수 없는 문제를 안고 있기도 하지만, 이들이 갖는 '문제의 양상'은 훨씬 단순하다. 만약 아버지가 적이라면 적을 떠나면 그만이다. 사회적으로 아버지를 뛰어넘거나 아버지와의 연을 끊는 등의 여러 가지 방법이 있다. 어머니와 딸의 관계가 매우 어려운 점은 모녀 관계에서는 이러한 방법이 거의 불가능하다는 데 있다.

필자는 이전에 이러한 모녀 관계의 특수성에 주목해《엄마는 딸의 인생을 지배한다》(2017년, 꿈꾼문고)라는 책을 썼다. 모녀간의 문제는 일본 한 곳에서만 주목하는 것이 아니다. 모녀 관계에서 생기는 어려운 문제에 관한 책은 유럽과 미국에서도 베스트셀러다. 그만큼 보편적인 문제다.

필자의 책도 '남성이 쓴 것 치고는 꽤 괜찮다'는 평을 받아 예상했던 것 이상의 반응을 얻고, '어머니와 딸' 테마로 열리는 강연회에 강사로서 초대받는 기회가 많아졌다. 내 책을 읽고 보내오는 독자들의 공감의 목소리에 큰 힘을 입어, 당분간은 필자의 문제 제기와 그 분석이 그렇게 빗나간 것은 아니라는 생각을 해도 괜찮을 듯하다. 그러면 이제부터 나름의 분석을 통해 얻은 모녀관계의 문제를 간단하게 설명하고자 한다.

:
:

자상적 자기애란
확실하게 질병이라 할 수는 없지만 장기적으로
인생의 질을 심하게 떨어뜨릴 수 있는 갈등 구조다.
부단한 노력 끝에 그럭저럭 사회에 적응은 했으나,
만성적인 '생활 속 고통'이 끊이지 않는 상태인 것이다.

신체성과

젠더 바이어스

이 책에서 펼치고 싶은 주장은 아주 단순하다. 왜 모녀 관계가 특수한가, 요컨대 이것은 서로 '여성의 신체'를 공유하고 있기 때문이다. 아버지와 아들도 신체를 공유하고 있는 것이 아니냐는 의문이 생길 수 있다. 하지만 정신분석적 시점에서 극단적으로 말하자면 남성은 애초에 신체라는 것을 갖고 있지 않다. 정신분석학에서 건강한 남성의 신체는 이를테면 '투명한 존재'라 할 수 있는데, 이들은 일상 속에서 자기 신체성을 인식하는 일이 거의 없다. 따라서 남성이 자기 신체를 의식하는 것은 병에 걸렸을 때와 같은 특별한 경우에만 해당한다.

물론 이에 대해 의견이 다른 사람이 있을 수도 있지만, 이 논의는 남녀의 젠더를 상당 부분 추상화했다는 전제 하에서 남성은 자기 신체를 의식하기 어려운 심신의 구조를 갖고 있다는 정도로 이해하면 충분하다.

이에 비해 여성은 일상적으로 자기 신체성을 의식해야 하는 환경 속에 살고 있다. 그 첫 번째 요인으로, 건강한 상태에서도 월경을 비롯해 신체적 위화감을 느끼는 기회가 남성에 비해 훨씬 많다는 점을 들 수 있다. 저혈압이나 변비, 현기증, 두통 등과 같은 부정수소*를 안고 있는 비율도 남성보다 월등히 높다. 일상 단계에서 신체를 의식하지 않으면 안 되는 상황이 대단히 많은 것이다.

두 번째 요인은, 젠더 바이어스이다. 세간에 '여성스러움'이라는 말이 있다. 이 여성스러움에 관한 이미지를 한번 떠올려보기 바란다. 단아한 자태라든가 조심스러운 말투, 또는 우아한 옷차림이나 몸짓 등 다양한 요소가 떠오른다. 이들 대부분이 신체성과 깊은 관련이 있다. 결국 여성을 여성스럽게 키운다는 것은 '외적인 성'으로서 여성스러운 신체를 획득하게 하는 방법 말고는 없다.

---

* 이유 없이 몸이 아프다고 호소하는 증후군. 자율신경실조증이라고도 함(옮긴이)

이와는 다르게 추상적인 '여성스러움'도 있는데 이는 '상냥함'이나 '다정다감함', '나서지 않고 얌전하게 있는 것' 등으로, 그 본질은 남성적 가치관 ('이치에 맞게 행동하는 것', '강함', '책임감' 등)을 반대로 뒤집은 표현이 대부분이다. 이것은 관점을 달리하면, 주체적인 욕망을 억누르고 포기하게 하는 방향을 가리키고 있다. 간단하게 정리해보면, '여성스러움'의 벡터에 두 개의 모순되는 방향성이 있다는 이야기다.

여기서 방향성이란, 타인의 눈에 의해 욕망의 대상이 되는 '여성스러운 신체성'을 획득하는 방향과 자기 주체적인 욕망을 억누르면서 '여성스러운 태도'에 끼워 맞추는 방향을 가리킨다. 이 때의 '욕망'이 전자의 경우 긍정, 후자는 부정이라는 모순을 낳는다. '여성스러움'이 품고 있는 이러한 아이러니가 여성 고유의 공허함이나 억울함 같은 심리상태로 이어지는 것으로 알려져 있다.

여성스러움을 목적으로 하는 훈육은 여성스러운 신체성과 태도를 획득하는 데에 그 의미가 있는데, 적어도 전자에 대한 교육은 어머니 외에 다른 사람이 할 수는 없다. 결국 어머니의 딸에 대한 훈육은 대부분 무의식적으로 딸의 신체를 지배하는 것에서 시작된다고 할 수 있다.

그 목적이 진심이든 비뚤어진 것이든 상관없이, 그 발단부터 이러한 '신체적 동일화를 통한 지배'가 깔려있다는 사실에 주의해야 한다. 이 점이 모녀 관계를 특별하게 보아야 하는 이유이다. 이러한 관계는 신체를 공유할 수 없는 어머니-아들, 아버지-딸, 아버지-아들 사이에서는 절대 있을 수 없는 일이기 때문이다.

어머니에 의한 딸의 지배에는 몇 가지 형태가 있다. 그 중에서도 '억압', '헌신', '동일화' 이 세 가지가 대표적인 것으로 알려져 있다.

가장 노골적인 지배 방식에 해당하는 '억압'은 언어에 의해 행해진다. 여기에는 단순한 금지의 언어도 포함되지만 그것이 전부는 아니다. 하기오 모토萩尾望都의 작품 〈이구아나의 딸〉에서처럼 어머니에게 이구아나라 불리는 딸이 자신을 이구아나로밖에 인식하지 못하는 사태가 일어날 수도 있다. 이 작품에서 딸의 신체를 만들어가는 것은 어머니의 말이다. 이러한 말들은 딸에게 결정적 영향을 가져오지만 어머니의 의식 상태는 '너를 위해서', '잘되라는 마음에서'다.

부모의 무심한 말 한마디가 딸의 인생에 무거운 짐을 지우는 예는 요시나가 후미의 만화 〈사랑해야 하는 딸들〉에서도 볼 수 있다. 주인공 유키코의 외조모는 그의 딸, 즉 유키코의 어머니 마리에게 늘 '너는 못생겼어'라는 말을 한다. 하지만 사실 마리는 지나가던 행인이 뒤를 돌아볼 정도로 예쁜 아이였다. 외조모는 자신의 딸이 주위사람들이 추켜세우며 오만한 사람으로 자라는 것을 걱정한 나머지 '너는 정말 못생겼어'라고 계속 말한 것이다. 이것이 저주의 말이 되어 마리의 인생을 속박하고 엉망으로 만든다. 마리는 미인으로 자라 나이를 먹고 인생을 마음대로 즐기며 사는 겉모습과는 다르게, 자신의 외모에 대한 콤플렉스에서 벗어나지 못하고 자기긍정감 형성에 실패한 채로 괴로워하며 살아간다.

외조모가 어머니에게 내뱉은 '저주의 말'이 실은 자신의 딸을 위한 마음에서 비롯됐다는 것은 틀림없는 사실이다. 하지만 '저주의 말'이라는 것은 늘 '다 너를 위하는 마음에서'로 시작하는 법이다. 사실 외조모는 이렇게 말했어야 한다. '너는 세상에서 제일 예쁜 아이지만 그렇다고 해서 남 앞에서 뽐내거나 자랑해선 안 된다'고 말이다. 이것이 '너는 정말 추하다'는 저주로 변해버린 이유는 지배 욕구 외에는 그 어떤 것으로도 설명이 안 된다. 인간의 근원에는 타인을 지배하고 싶은, 타인을 변화시키고 싶은 욕망이 있다. 남성의 지배욕은 알기 쉽다는 특성이 있어 반발하거나 비판하기 쉽지만, 여성의 지배욕은 이렇게나 은밀한 것이어서 본인 자신도 알지 못하는 경우가 많기 때문에 그만큼 강력하고 그 영향도 오래가는 것이다.

'부정'과 '푸념'이라는 이름의 지배

필자가 보았을 때 여성인 자상적 자기애자 중에는 줄곧 어머니에게 부정당하며 존엄에 상처를 입어온 사람이 꽤 있다. '부모로부터 계속 부정당한' 경험은 딸뿐만 아니라 아들에게도 거의 평생에 걸쳐 지속적으로 영향을 끼친다. 은둔형 외톨이 가운데에도 부모의 이러한 처우에 심한 분노를 느낀 나머지 부모와 아예 대화를 끊고 얼굴도 마주치지 않는 생활을 하는 사람이 있다. 이것은 여느 질병의 증상과는 경우가 다르다. 이를테면 피해자는 자기 존재 전체를 내걸고 복수를 하고 있는 것이다. 이러한 케이스 가운데 '관계를 회복하려면 어떻게 해야 할까'라는 상담을 받는 경우가 있다. 그럴 때 분명 질병과는 다른 차원의 문제이기 때문에 '용서해줄 때까지 계속해서 사과하라'는 것 외에는 다른 답을 줄 수가 없다.

여성 중에서도 사춘기부터 줄곧 '어머니가 느끼는 패배감의 배출구'가 된 사람도 있다. 신기하게도 아들에게 원 없이 푸념을 늘어놓는 어머니는 거의 없다. 어머니의 끊이지 않는 푸념과 넋두리를 받아내는 것은 딸, 그것도 장녀가 가장 많다.

이런 '부정'과 '푸념'의 세트메뉴는 대부분 무의식에서 나오지만, 결국은 교묘한 '지배'의 수법으로 변해간다. 이것이 대체 무슨 말일까. 어머니가 딸을 계속 부정하면 딸은 자존감, 자기가치감이 떨어진다. 거기에 어머니가 '푸념'까지 쏟아내면 딸은 어머니를 '내가 보살펴야 하는 존재'로 인식하게 된다. 이런 상황에서 양육 받은 딸은 "나는 별 가치가 없는 사람이기 때문에 하다못해 보살피기라도 해야 하지 않을까, 그게 마땅한 도리"라고 믿게 된다.

막상 딸 자신은 어디선가 부당한 대우를 받아 분노를 느끼는 일이 생겨도 자신이 '돌봐주어야 할 존재'인 어머니에게 그것을 토로하는 것을 주저한다. 또 어머니 곁을 멀리 떠나 있어도 줄곧 '어머니를 돌봐야 하는 책임을 저버렸다'는 죄책감에 시달린다. 주위에 어머니에게 받은 심리적 학대를 원망하면서도 끝내 어머니 곁으로 돌아오고 마는 딸이 적지 않은데, 이것이 '가슴 찡한 모녀간의 훈훈한 정' 같은 미담으로만 보이지는 않는다. 어찌 보면 이것이야말로 자신이 치매에 걸린 후에도 버려지지 않기 위해 시간과 공을 들여 최면을 거는 지배 수법, 바로 '부정'과 '푸념' 세트가 아닌가 하는 생각이다.

'어머니 죽이기'의 어려움

딸에게 향하는 어머니의 말은 가끔 무의식적으로 자기 자신에게 하는 말일 때가 있다. 이것은 어머니 자신이 살아남기 위해서, 자기 갈등을 통해 지어낸 말이다. 이 때 어머니의 신체성은 '어머니의 말'이라는 회로를 통해 딸에게 전달된다. 모든 딸들의 신체에는 어머니의 언어 회로가 다운로드, 설치되어 있다고 해도 전혀 과장이 아니다. 따라서 딸들은 아무리 어머니를 부정, 거부하려 해도 이미 내장된 어머니의 말을 그대로 살려두는 수밖에 없다. '어머니 죽이기*'가 극단적으로 힘든 이유는 이러한 '내재된 어머니의 말'을 제거하는 데 상당한 어려움이 있기 때문이다.

'헌신'이라는 지배 방식이 있다. 어머니의 지배가 언제나 고압적인 금지나 명령으로 행해지는 것은 아니다. 겉보기에 헌신적이기까지 한 선의가 깔려있는 지배도 있다. 딸의 학비를 벌기 위해 몸이 부서져라 일하는 어머니, 딸이 자립해서도 수시로 연락을 하고 충고하려고 드는 어머니. 딸은 이러한 선의를 대놓고 거부하거나 부정할 수 없다. 어머니의 지배욕에

• 융 심리학에서 '어머니로부터의 자립'이라는 뉘앙스로 사용되는 말(옮긴이)

대해 어슴푸레 깨닫고는 있지만 그렇다고 도망치는 것은 괜한 죄책감만 안겨주기 때문이다. 임상심리사 다카이시 코이치高石造一는 이러한 지배 형태를 '마조히스틱 컨트롤masochistic control'이라 이름 붙였다.

이런 종류의 지배는 아들에게는 거의 통하지 않는다. 어머니의 헌신에 대해 아들은 전혀 죄책감을 (그리고 감사도) 느끼지 않기 때문이다. 여기에도 '젠더 간 격차'가 있다. 딸들이 느끼는 죄책감이란 것은, 신체적 동일화 없이는 생길 수 없는 특이한 감각이라 할 수 있다.

또 하나의 지배 방식인 '동일화'란 간단하게 말해, 어머니가 딸을 통해 '자신이 다시 한번 살아보고 싶은 인생'을 찾는 것이다. 여기에는 억압, 헌신 모두가 포함된다. 이것이야말로 어머니의 이기심이 가장 강하게 발휘되는 형태가 아닌가 한다. 그런 이유에서 딸은 강하게 반발하지만, 이러한 지배 형태가 모양 좋게 성립되기만 하면 '일란성 모녀'가 완성된다. 이 정도까지 동일화가 진행되면 이제는 양쪽 모두 지배-피지배에 대한 자각이 거의 남지 않는다. 거의 세포 단계에서 신체가 융합하는 상태다.

지배당하기 싫으면 도망가면 된다고 생각할 수도 있다. 따로 살거나 거리를 두는 것이 효과가 있는 경우도 있다. 하지만 그리 간단한 문제가 아니다. 어머니에 의한 지배는 그것에 저항하거나 그것을 받아들이는 어느 쪽이든, 여성이 갖는 특유의 '공허함'을 느낄 수밖에 없다. 심지어 저항하거나 도망을 간 딸은 해방감을 느끼는 동시에 강렬한 죄책감도 떠안게 된다. 너무 심하다 싶은 대우를 받으면서도 결국 어머니 곁으로 돌아가는 딸이 많은 것은 그러한 이유에서라고 본다. 동일화를 통해 행해지는 지배에서도 '세포융합'은 일어난다. 어머니 죽이기가 극단적으로 어려워지는 이유는, 이것이 꼭 닮은 그대로 자기 죽이기로 이어지기 때문이다.

:

딸에게 향하는 어머니의 말은

가끔 무의식적으로 자기 자신에게 하는 말일 때가 있다.

이것은 어머니 자신이 살아남기 위한,

자기 갈등을 통해 지어낸 말이다.

부모자녀 간

속박을 풀려면

부모와 자녀 사이의 관계가 자기애에 지대한 영향을 준다는 사실은, 어머니와 딸의 관계에 한정되지 않는다. 발달 이론에 커다란 영향을 주고 있는 애착이론이 이것을 뒷받침한다. 나중에 기술하겠지만, 개인적으로 나름 안정된 자기애를 갖게 된 데에는 부모님의 무조건적인 신뢰가 있었기 때문이다. 많은 환자가 어려서부터 줄곧 부모로부터 인격을 거부당하는 말을 들으며 자라온 영향으로 고통 받고 있다는 사실을 생각하면, 건강한 자기애야말로 부모가 자녀에게 줄 수 있는 최고의 선물이 아닌가 하는 생각이 든다.

여기에서 필자가 말하는 부모는 '아이와 가장 가까운 사람'이라는 의미지, 반드시 친부모여야 한다는 말이 아니다. 어떠한 가정환경에서든 건강한 자기애를 만들어갈 수 있다. 한 가지 덧붙이면 부모가 자녀의 건강한 자기애를 키워주는 것은 '가성비'가 아주 뛰어나다. 성인이 된 자상적 자기애자가 회복 과정에서 치러야 하는 대가를 감안할 때, 건강한 자기애를 함양하는 것은 무척 중요하다.

건강한 자기애를 키우는 교육 방침이라고 하면 최근 들어 조명 되고 있는 '애착이론'을 들 수 있다. 애착이론의 창시자라 할 수 있는 정신분석가 존 보울비John Bowlby는, 아기가 보다 안정된 자기 이미지와 정체성을 만드는 데에 있어 양육자와의 안정된 애착 관계가 중요하다고 주장했다. 아기는 울음을 통해 불안이나 불쾌감을 호소하고 접촉을 요구하며 응석을 부린다. 그러면 양육자가 이에 반응하면서 둘 사이에 애착이 생겨난다. 영유아기에 있어 아기의 신호와 요구에 대한 응답이 밀접할수록 안정된 애착 관계를 쌓을 수 있다. 반대로 이 시기에 애착이 형성되지 않으면 애착 형성 장애를 낳게 되고 심신의 불안정이나 행동 장애를 유발한다. 이것이 애착이론에 관한 대략적인 설명이다.

세 살까지는 어머니가 양육해야만 아이의 건강한 뇌 발달

이 이루어진다는 이른바 '3세 신화'와 많이 닮아 보일 수 있지만, 증명되지 않은 3세 신화에 비해 애착이론은 확실한 근거 아래 증명된 이론이다. 또한 애착이론의 애착의 대상은 어머니, 아버지, 양친의 조부모, 누구든 상관없는 것으로 알려져 있어 모성을 과대평가하지 않는다는 점도 중요한 특징이다.

'애착 장애'로 인한 문제는 자상적 자기애에만 한정할 수 없다. 이 문제는 확장성을 갖기 때문에 여기서 더 이상 애착에 대해 언급하지는 않겠다. 다만 자상적 자기애를 유발하는 부모자녀 간의 문제는 유아기보다는 사춘기 이후에 현저히 드러나는 느낌이다. 상식적이고 일반적인 양육환경에서 자란 사람이라도 철이 든 이후에 부모, 특히 어머니의 부정적인 반응 때문에 자상적 자기애를 갖게 되는 사람이 많기 때문이다. AC의 케이스도 그러하듯, 자상적 자기애는 애착 장애 병증의 일부에 포함은 되지만 그것이 전부는 아니다.

어디까지나 전문의로서 상황을 종합적으로 본 한 개인의 의견이지만 자상적 자기애는 애착 장애만큼 심각한 병리성은 없다고 생각한다. 오히려 어느 시점까지는 건강하게 발달해왔던 자기애가, 주로 사춘기 이후 아주 가까운 주요 인물에 의해 존엄에 상처를 입으면서 생겨난 복잡하고 꼬인 심리가 아닐까. 그렇게 생각하는 근거는 자상적 자기애자가 아무리 자기

파괴적인 언행을 한다고 할지라도 그 근본에는 당사자 나름의 건강한 자기애가 엿보이기 때문이다. 이것은 남성과 여성 모두에 해당하는 이야기다.

수차례 언급했듯이 남성의 경우 부모의 영향보다는 학교나 직장 등에서의 집단 괴롭힘과 같은 경험에 기인할 때가 많다. 그런 의미에서 자상적 자기애는 AC나 애착 장애보다도 병의 뿌리가 깊지 않다고 할 수 있다. 결코 이것의 고통의 정도가 덜하다거나 가볍다는 얘기가 아니다. 뿌리가 깊지 않은 만큼 회복 가능성이 높다는 의미로 해석해야 한다.

여기서 이야기를 어머니와 딸의 관계로 되돌려보자. 병의 뿌리가 깊지 않다고는 하지만, 이렇게 수년에 걸쳐 지배-피지배 관계가 계속 이어진 경우라면 어떨까. 정도가 더 심해진 자상적 자기애가 만성적으로 고착화 될 가능성도 있다. 그러면 문제의 소재를 인식하고 그것을 해결하려는 의지가 있는 경우, 어떻게 대처 하는 것이 바람직할까. 물론 부모자녀 관계에도 다양한 양상이 존재하기 때문에 일반적인 해결 방안을 제안하는 데 한계가 있다. 하지만 대략적인 방향성 제시나 개인적인 조언은 가능하다.

부모와의 문제는 부모의 사망으로 해결되지는 않는다. 오히려 해결되지 않은 과제가 쌓이고 남게 된다. 회복되기도 전에 부모가 치매에 걸리거나 병에 걸려 사망하는 케이스도 적지 않다. 부모의 죽음으로 자기긍정감을 회복할 기회마저 잃고 현상이 고착되는 비극이 생기기도 한다.

문제를 알아채고 상대화한다

어머니와의 관계에 문제가 있다는 것을 느끼기 시작한 딸이 이러한 모녀 관계로부터 자립하려면 어떻게 해야 좋을까. 앞서 기술한 저서에서 제안한 해결책 그 첫 번째는, '문제의 존재를 인식하는 것'이었다. '모든 모녀 관계는 지배 관계에 있다'고까지 극단적으로 주장하는 이유가 있다. 자극적인 표현을 쓰지 않고서는 당사자가 문제를 인식하기 힘들 것이라는 위기감에서다. 다시 말해, 자극적인 표현은 당사자의 자각을 불러일으키는 기능을 한다.

문제를 인식했다면 그 다음에는 '어머니의 권위를 상대화' 한다. 어머니는 딸인 당신에게 특별한 존재이자 동시에 한 명의 불완전한 여성이다. 이 점을 잘 이해해야 한다. 어느 작가는 이 방법에 대해 어머니가 결혼하기 전의 이야기를 들어볼 것을 권하기도 했다. 꽤 괜찮은 아이디어다. 어머니가 누군가의 아내도, 엄마도 아닌 한 명의 여성이었던 시절 이야기를 알게 되며 어머니의 중대함이 주는 압박에서 조금이나마 벗어날 수 있을 것이다.

한 가지 더 권하고 싶은 것은 역시 '별거'다. 줄곧 같이 살면서 정신적으로 자립한다는 것은 거의 불가능하다. 경제적으로 의지해야 하는 경우 사회적 지원을 받더라도 한 번쯤 어머니 곁을 떠나보는 것은 의미가 있다. 후에 다시 돌아오더라도, 일단 어머니와 거리를 두고 둘의 관계성을 다시 들여다볼 것을 권한다. 자립으로 가는 중요한 첫걸음이 되어 줄 것이다.

물론 아버지나 파트너 등 제삼자의 개입도 효과가 있다. 둘만의 관계는 계속 폐쇄적 상태인 채로 복잡하게 얽히기 쉽다. 남편의 입장에서, 혹은 아버지의 입장에서 몇 번이고 개입을 시도해보아야 한다.

모녀간 문제의 배후에는 아버지가 있다

필자는 줄곧 '모녀간 문제의 배후에는 아버지가 있다'는 주장을 해왔는데, 내막은 이렇다. 아버지가 건강한 부부관계 지속을 위한 노력에 태만한 탓에 어머니는 아내의 지위를 잃어버리고, 이런 어머니가 마치 복수라도 하는 듯 자녀와의 밀착 관계를 이용해 아버지를 소외시킨다. 집 안에서 가장 권위적인 아버지가 실은 가족 간 소통에서 혼자 제외되는, 이러한 패턴은 아주 흔하다. 밀착은 어머니와 아들 간에서도 종종 일어날 수 있는데, 신체적인 차이로 인해 어머니와 딸 사이의 '일체화'까지는 어렵다. 하지만 어머니와 딸의 밀착은 아주 간단히 일체화라는 지배로 이어진다.

따라서 아버지가 이 문제를 인식하고 어머니와 부부관계 재건을 위해 노력하기만 해도 모녀간 문제가 해결 방향으로 전환할 가능성이 있다. 문제를 인식한다고 해도 이제와 다 늦은 개입이 무슨 도움이 되느냐는 의구심이 생길 수도 있지만, 한 번은 해볼 만한 가치가 있다. 딸을 위한다기보다 가족 전체의 '재생'을 위해서라도 모든 아버지가 적극 협력했으면 하는 바람이다.

문제가 깊어지고 곪아터져 부모와 얼굴을 맞대고 싶지 않다거나 말을 주고받는 것조차 싫다는 사람이 적지 않다. 이런 경우 미련 없이 부모와의 관계 회복을 포기하고 서류상의 관계만 남기거나 아예 부모 자격을 포기하는 선택지도 있다. 이를 위해 상담을 받아보는 것도 좋다.

필자는 관계 회복을 위한 대화에 중개자 역할을 하는 경우가 종종 있는데, 이 때 모든 것을 다 털어 놓고 이야기해보자는 제안을 한다. 단 한 번이라도 좋으니 부모 앞에서 자신의 모든 감정을 다 토해내는 것이 가장 이상적인 방법이다. 한 번 토해내기만 해도 심경의 변화를 느끼는 사람이 꽤 있다. 부모의 어떤 점이 싫었는지를 계속 반복해서 이야기하는 사이에 점점 마음이 누그러지면서 관계가 원만해지는 경우도 있다.

자녀의 계속되는 비난을 묵묵히 받아내야 하는 부모는 상당히 괴로울 것이다. 하지만 딸을 위해 무엇이든 하겠다는 의지가 있다면, 당장은 듣는 역할에 충실하겠다는 일념으로 치료에 임하기를 권한다. 대화가 십수 시간이 걸리더라도 한마디 반론이나 자기 변론 없이 자녀가 그간 느껴왔던 심정을 들어주어야 한다. 이것은 '치료'라기 보다는 그 사람이 가지고 있는 에너지와 건강함을 끄집어내기 위한 '돌봄care'에 가깝다고 할 수 있다. 치료 이전에 우선은, 돌봄에 집중해야 한다는 이야기다.

'끝으로 아무리 못된 부모라고는 하지만 지금까지 길러준 은혜가 있는데, 배은망덕하게 나쁜 부모라니…' 이렇게 화를 느끼는 독자가 있을지도 모르겠다. 지금까지는 효를 최고의 덕목으로 여기는 유교적인 억압 때문에 부모의 학대, 체벌, 육아포기neglect 등의 행위를 사회가 방치했다. 현대 시민사회를 살아가는 한 개인으로서, 해묵은 도덕관념에서 벗어나 어머니의 지배 아래 고통 받는 딸이 더 이상 늘지 않도록 사회 가치관도 함께 변해가기를 진심으로 바란다.

5장   건강하게
             나를 사랑하는 것

'자기긍정감'은

지속되지 않는다

    학계에서 정식으로 사용한 적도, 그렇다고 대유행을 낳은 적도 없는 이 '자기긍정감'이라는 말이 이제는 일상에 자연스레 정착되어 쓰이고 있다. 자기긍정감과 관련된 서적은 그 수를 셀 수 없을 만큼 서점에 쌓이고 넘친다. 물론 그 대부분이 어떻게 하면 자기긍정감을 높일 수 있는가를 테마로 하고 있다. 소위 말하는 긍정 심리학의 응용편이 있는가 하면 인지행동 요법에서 접근해 응용한 것도 있는데, 그 중에는 오컬트적이고 비과학적인 내용으로 보이는 것까지 아주 다양하다. 하긴, 이 책도 최종적으로는 자상적 자기애의 회복에 대해 다루는 내용이기 때문에 결국 비슷한 자기긍정 계열 책의 하나라고 하면 달리 반박할 방법이 없다.

일본에서는 임상심리사 노부타 사요코가 이 '자기긍정감'이라는 말을 비판해 화제가 된 적이 있다. '자기긍정감'이라는 다분히 자기계발적인 단어가, 자기를 좋아하고 싶어도 좋아할 수 없는 사람들을 더 괴롭히고 육아까지도 힘들게 하는 측면이 있다는 것이다. 상당 부분 동감한다. 그러나 필자가 실제 느낀 바로는 '자존감', '자아존중감', '회복탄력성', '자기긍정감' 등등의 단어가 유행하기 훨씬 이전부터 '자상적 자기애'에 고민하는 젊은이는 많이 있었고, 이들은 고통에서 벗어나기 위해 어쩔 수 없이 자기긍정에 매달렸다고 생각한다.

무엇보다 이 책에서는 자기긍정감을 높일 수 있는 쉬운 방법에 대해 장려하거나 설명하고 있지 않다. 자기긍정감과 자기애는 다르기 때문이다. 건강한 자기애의 성숙을 위한다면, 성급한 자기긍정감의 추구는 오히려 방해가 될 수 있다. 여기서, 그 점에 대해 검토해보기로 하자.

과연 지금과 같은 방식 그대로 자기긍정감이라는 말을 계속 사용해도 괜찮은 것일까. 키워드가 정착하고, 대중은 자기긍정감을 고양하려고 방법을 끊임없이 찾고 있다. 이런 사회현상은 자기 자신을 지속적으로 부정하는 사람과 자기 자신을 싫어하는 사람이 많다는 사실을 역으로 보여준다.

자기긍정감 없이도 열심히 사는 사람들

다이소를 운영하는 오쿠라 산업의 야노 히로타케矢野博丈는 부정적인 발언이 많은 것으로 유명하다. 야노 전 회장의 좌우명이 '망하지 않도록 열심히 노력한다'인데, 이러한 노력 방식도 나쁘지는 않다고 생각한다. 힘든 상황을 하나하나 헤쳐 나가다 보니 어느 순간에 성공해 있더라는 이런 이야기는 설득력이 있다.

성공한 사람의 자전적 이야기나 자기계발서의 내용을 보면 마치 '생존자' 박람회 같다. 극소수의 성공한 사람이 비슷한 사고방식이나 수법을 동원해 처참하게 실패한 사람들 위에 서서 내려다보며 "자신을 갖자!", "하면 된다!", "무조건 움직여라!"라고 주먹을 불끈 쥐고 치켜 올리는 것처럼 보인다.

'어쩌다 보니 좋은 결과를 낳았다'는 식의 성공철학에는 사실 신뢰가 없다. 실은 상당수의 경영자들이 야노 히로타케처럼 자신 없고 목표도 없이 불안을 떠안은 채로 상황을 한 고비 한 고비 넘기며 지금까지 버텨온 것은 아닐까 하는 합리적 의심이 생기기도 한다. 다만 경영자가 불안을 조장하는 발언을 할 수는 없으니 속내가 밖으로 새어나올 기회가 없지 않았을까 하는 생각이다.

이것은 꼭 경영에 해당하는 이야기만은 아니다. 글을 쓰거나 무언가를 만들어내는 창작은 어떤가. 필자도 지금까지 원고 마감일을 지켜본 적이 거의 없는 나태한 인간이지만 그래도 본업 외에 50권 이상의 저서를 출판해왔다. 그 원동력은 무엇이었을까. 그저 '이 원고를 끝내지 못하면 더 이상 집필 의뢰가 들어오지 않을 것' 같은 불안과 공포 외에 다른 것은 없다.

필자는 자기애가 무척이나 강한 사람이지만, 그렇다고 자신감이나 자기긍정감이 글을 쓰는 원동력이 된 적은 거의 없다. 오히려 그 반대이다. 글쓰기를 시작하기 전에는 무엇을 써야 할지조차 떠오르지 않아 괴로워하다 가까스로 원고를 써내려간다. 이렇게 완성한 원고가 주는 자신감은 정말 잠깐 동안만 필자의 자기애를 강하게 만든다. 하지만 이러한 자기만족을 느끼는 것은 잠깐 며칠뿐, 또 다시 '더 이상 써내려 갈 것이 아무것도 없다'는 괴로움에 시달린다. 이러한 사람이 필자 한 명만은 아닐 것이다.

단순하게, 자기긍정감이 높은 사람이라고 해서 창작이 술술 되지는 않는다. 과거 위대한 창작가의 경우, 그들 모두가 자신감이 충만해서 작품을 만들어냈겠는가. 그 중에는 무라카미 하루키처럼 무의식적인 타이핑으로 차근차근 장편을 써내려 간 후, 그 원고를 아주 천천히 몇 번이고 되풀이해 읽으면서 더하고 수정하는 사람이 있다. 더욱이 무라카미 하루키도 그런 과정에서 '나는 정말 대단해'라고 자신만만해 하며 글을 쓰지는 않을 테니 말이다. 작품을 완성하면 잠깐은 그런 마음이 생길지 모르지만 한껏 들떠 기뻐하는 사람은 아마 아무도 없을 것이다.

좀 더 극단적인 예로 프랑스 작가 프랑수아즈 사강Francoise Sagan을 들 수 있다. 야마구치 미치코山口路子는 《사강의 말》(2021년, 해냄출판사)에서 사강이 쓴 글을 소개한다. "자신감을 잃은 적이 없는 사람이 있을까. 나는 자신감을 가져본 적이 없다. 그렇기에 글을 쓰는 것이다. 자신 없음 때문에 내가 건강하게 있는 것이다." 1960년대 한 세상을 풍미했던 스타작가가 한 말이다. 겸손은 분명 아닐 것이다.

그 다음으로는 일본 작가 다자이 오사무太宰治가 있다. 그는 이렇게 쓰고 있다.

"그렇지만 우리는 자신을 가질 수 없습니다. 어째서일까요. 우리는 결코 나태하지 않습니다. 무뢰한 생활도 보내지 않습니다. 조용히 독서를 하고 있을 터입니다. 하지만 노력과 동시에 끝내 자신을 잃고 맙니다."

"우리는 이 '자신 없음'을 소중히 하고 싶습니다. 비굴의 극복에서가 아닌 비굴의 솔직한 인정 속에서 전례 없는 꽃이 피기를 저는 기원하고 있습니다."

1989년《다자이 오사무 전집10太宰治全集10》의 〈자신 없음自信の無さ〉에 수록된 문장이다. 이것이 무슨 말인지는 다자이가 자상적 자기애의 원조 격인 사람이라는 것을 감안하면 이해가 쉬울 것이다. 그는 연재 평론 〈여시아문如是我聞〉을 통해 당시 소설의 신이라 추앙받던 작가 시가 나오야志賀直哉를 신랄하게 비판했는데, 그야말로 지금의 '리얼충 자폭해라'와 같은 비판이다. 하지만 시가 나오야조차도 언제나 자신만만함으로 소설을 집필한 것이라 생각지는 않는다. 다만 시가 나오야 자신의 미의식 가운데 집필의 고뇌와 관련된 이야기는 문장으로 나타내지 않았을 뿐이라 미루어 짐작할 수밖에 없다.

불안을 느끼지 않는 작가는 극히 드물다

글을 쓰면서 아무런 불안을 느끼지 않는 작가가 있다면, 아마도 글을 쓰기 전부터 쓸 내용을 모두 다 알고 있기 때문일 것이다. 하지만 그렇게 쓰인 작품이 재미있으리라고는 절대 생각하지 않는다. 삼십 년 가까이 글을 써오면서, 일단 쓰기 시작하면 어떻게든 끝을 맺는다는 것을 잘 알고 있다.

하지만 지금까지 책을 오십 권 써왔음에도 아직 불안하기는 마찬가지이다. '이번에는 정말 아무것도 쓸 수 없을지 모른다'는 공포와 늘 싸우고 있다. 여태 써온 많은 책 중 일부는 아직까지도 많이 읽혀지고 있고 그 내용에 대한 평가도 높다. 그렇지만 아쉽게도 이러한 '업적'이 필자의 자기긍정감에 그다지 기여하는 바가 없다.

자신감을 조금이나마 회복하는 때는, 회심의 문장을 써내려간 그 순간과 이후 며칠 정도이다. 결국 '글을 쓰고 있는 자기 자신'을 좋아하는 것이어서, 행여 글을 쓰지 못하게 된다면 자신감은 급속하게 사그라질 것이다. 작가들 입에 자주 오르내리는 '최신작이 최고 걸작'이라는 말은 아마 이러한 의미일 것이다. 이 말이야말로 작가의 불안과 자신감을 상징한다고 할 수 있다.

행복과 자기긍정감의 상관관계

여담은 여기까지만 하고, '자신이 없어서 글을 쓴다'는 말은 보편적 진리에 가깝다고 생각한다. 다년간 글을 좀 써본 사람으로서 단언하건대, 자신감과 자기긍정감이 '글을 쓰는' 원동력이 될 수는 없다. 스스로 느끼는 긍정적인 감정이 '무언가를 만들어내는' 동기가 되지는 않는다. 수많은 작가, 아티스트와의 인터뷰 경험에 비추어 보더라도 이 말은 역시 보편적 진실이 아닌가 하는 생각이다.

인간은 때때로 절망이나 상실감, 우울 상태에 빠져서 무언가를 만들어 내거나, 그림을 그리며 글을 쓰려고 한다. 필자의 젊은 친구이기도 한 사카구치 쿄헤이坂口恭平는 우울할수록 다량의 글을 쓴다고 한다. 그는 양극성 장애를 안고 있는데 글을 쓰는 일에 자기 치료의 의미를 담는다. 흥미로운 것은 그가 조증 상태에서 글을 쓰기도 하는데, 우울한 상태일 때와 비교하면 깊이가 없고 재미없는 글이 나온다는 점이다.

경도의 조증 상태인 사람은 창조성이 왕성해지는 경우가 때때로 있다. 그러나 그 양은 그렇다 치더라도 대개 질적 수준이 높다고 하기는 어렵다. 집필로 치자면 판에 박힌 통속적인 글로 흐르는 경향이 있다. 우울한 상태인 사람은 보통 무기력해져서 창작과 연이 없다고 생각하는 경우가 많은데, 그가 울증 상태에서도 창조성을 끄집어 낼 수 있다는 것은 대단히 흥미로운 사실이었다.

이렇듯 강한 긍정감이 오래 지속되기는 대단히 어렵다. 필자 개인의 이야기를 하자면, 주 전반은 기분이 가라앉아 있다 주 후반에 긍정적 기분이 돌아온다. 이 사이클이 오십대 후반부터 계속 이어지고 있다. 누구에게나 있을 수 있는 흔한 증상이다. 주 전반의 기분을 고양시키기 위해 이런저런 방법을 고민해보기도 했지만 잘되지 않았다. 결국 있는 그대로 내버려두는 것이 가장 낫다는 결론에 이르렀다. 주 후반에 기분이 고양되는 것은 이른바 '작업 흥분'의 영향이 다분히 있을 것이다. 결국 이 사이클은 생리적인 변동이라 볼 수밖에 없다.

우리 인간의 기분의 총체적 변화는 기본적으로 일정하고 높은 행복감이나 자기긍정감은 절대 지속되지 않는다. 오래전부터 동경하던 직업에 종사하게 되거나 정말 좋아하는 사람과 파트너가 되는 등, 그 기분을 한껏 고양시켜주는 이벤트가 주는 행복감조차도 얼마가지 않아 이내 익숙해지고 만다. 행복감과 자기긍정감은 어느 정도 평행관계에 있기 때문에 행복감이 떨어지면 긍정감도 함께 떨어진다. 하지만 그대로 계속 떨어지는가 싶으면 우연한 기회에 행복감이 회복되기도 한다.

인생은 이것의 반복이 아닐까. 자기긍정감은 자기애의 한 면일 뿐이므로, 그 뒷면에 있는 자기 부정이나 자기비판은 늘 반드시 따라오게 되어있다.

：

사강이 쓴 다음과 같은 글이 있다.
‘자신감을 잃은 적이 없는 사람이 있을까.
나는 자신감을 가져본 적이 없다.
그렇기에 글을 쓰는 것이다.
자신 없음 때문에 내가 건강하게 있는 것이다.’

컬트 집단의

세뇌 수법

필자가 이렇게 생각하게 된 데에는 어느 컬트(사회적으로 문제가 있는 종교 단체)를 취재한 것이 계기가 되었다. '행복회 야마기시회(이하 야마기시회)'라는 곳으로, 여기는 1960년대 반체제문화를 지향하는 지식인들이 높게 평가했던 사상 실천 집단이다. 한 때 세계 최대 규모의 생활공동체를 형성할 정도의 단체였다. 그곳에서 생산되는 농산물은 전국 백화점에서 팔리며 인기를 모으기도 했다.

야마기시회의 기본 이념은 '아집'에서 해방되어 '연찬研鑽'을 통해 나와 모두의 전 세계적 번영을 목표로 하는 것이다. 야마기시 회에서는 정기적으로 '특별강습 연찬회'라는 것을 개최하는데, 일반인에게도 널리 홍보하며 참가를 권하기도 한다. 1970년대에는 학생운동에 좌절하고 유토피아를 꿈꾸던 학생이, 1980년대에 들어서는 자녀의 양육방식이나 삶에 대해 고민하는 주부와 직장인이 다수 참가했다. 이 단체를 '컬트'로 간주하게 된 것은 바로 이 '특별강습 연찬회'라는 교육에서 일종의 세뇌가 있었다는 사실 때문이다.

특강은 야마기시회의 기본이념을 체득하기 위한 강습회다. 예를 들어 '분노 연찬'이라 불리는 강습에서는 우선 참가자에게 '살면서 가장 화가 났던 것'과 당시 화가 났었던 이유에 대해 설명하게 한다. 여기서 참가자가 화가 난 이유를 어떤 식으로 설명하더라도, 담당자는 계속해서 '왜 그것에 그렇게 화가 났는가'라는 같은 질문만 되풀이 한다. 이 문답을 몇 시간 동안 셀 수 없이 반복하면서 수강생의 화를 돋우고, 때로는 달래주면서 정서적 동요를 일으킨다.

마지막에 수강생은 '이제는 더 이상 화가 나지 않는다'고 눈물을 흘리며 호소하는 지경이 된다. 다양한 이유를 붙일 수도 있지만, 이것은 '해리'라 불리는 증상을 상당히 강제적으로 일으키는 수법이다. 해리란 의식의 영역이 좁아지면서 암시상태에 걸리기 쉬운 상태가 되는 것인데 '최면술'은 이러한 해리를 인공적으로 일으키기 위한 기술이다.

입회할 때 전 재산을 단체에 헌납할 것을 요구하고 탈퇴 시 반환하지 않는 이유로, 반 야마기시회 활동이 일기도 했었다. 탈퇴자들 조사에 참여한 적이 있는데 우울증에 빠지거나 자살한 사람이 많다는 이야기를 듣고 아연할 수밖에 없었다. 행복을 추구하기 위해 입회했던 단체가 마치 반작용을 일으키듯 불행과 죽음을 불러온 것이다. 컬트 단체 주변에서는 흔히 있는 일이다. 그 조사에 관여한 이후로 행복감이나 자기긍정감을 높이는 인스턴트 방식 전부를 의심하게 되었다.

자기긍정감을 높이는 방법에 관한 정보는 인터넷에도 넘쳐흐른다. '부정적인 생각을 글로 써본다', '자기를 칭찬하는 말을 반복 한다', '잠들기 전에 그 날 있었던 좋았던 것 세 가지를 떠올려본다', '비관적인 사고방식을 고친다', 'SNS를 보지 않는다', '몸을 크게 부풀리듯 강해 보이는 자세를 취해 본다' 등등. 직접 시도해 본 적은 없지만 나름의 효과는 있을 것이다. 잘만 하면 1개월 정도는 행복해질 수도 있다. 하지만 이후에도 계속해서 행복감이 이어질까? 언젠가 커다란 반작용이 올 가능성이 있다.

값싼 방식으로 고양된 자기긍정감은 언젠가는 반드시 그 반작용이 찾아온다고 확신한다. 물론 자기긍정감을 높이는 노력을 모두 부정하는 것은 아니다. 높아진 자기긍정감이 사람과의 관계나 활동의 계기가 되어 자기애가 성숙할 가능성도 있기 때문이다. 다만 그러한 수법을 사람들에게 권할 생각은 추호도 없다.

'우생사상'의 함정

여기서 잠깐 다른 이야기를 해보려 한다. 사회적인 성공을 통해 자기 가치를 높여 스스로를 인정하고 싶어하는 사람이 있다. 자상적 자기애에 빠진 사람이 갖는 전형적인 발상이고, 그들에게 아주 위험한 함정이다. 그 이유로 세 가지를 들 수 있다.

① 너무 높은 목표설정이 행동에 제약을 가져온다.
② 실제 달성한다고 해도 의외로 자기긍정감이 고양되지 않는다.
③ 이러한 발상 자체가 우생학적 논리이며, 이는 셀프 스티그마로 이어진다.

어떤 점이 문제인지 순서대로 짚어보고자 한다. 우선 ①은

이해가 쉬울 것이다. 그 목표가 '지금부터 공부를 다시 시작해 서울대에 들어가고 싶다'든가 '만화가가 되어 베스트셀러를 만들어 큰 부자가 되고 싶다' 등인 경우가 있다. 이런 경우 실제 꿈을 이루기가 아주 어렵다는 것을 본인 자신이 너무 잘 알고 있다. '어차피 안 될 일'이라는 생각이 앞서기 때문에 행동에 옮기기 어렵다. 자신이 없기 때문에 실천이 계속되지도 않는다. 또 실제 움직여 행동에 옮기지 못하고 있는 사실 자체가 '역시 나는 못난 사람이다'는 생각으로 이어지면서 악순환에 빠지고 만다.

②는 표면적으로는 성공을 손에 넣었지만 결국 자상적 자기애를 극복하지 못한 사람들의 예를 보면 알 수 있다. 바로 성공이 자신감의 자양분이 되어주지 않는 경우가 의외로 많다는 사실 말이다. 엄청난 노력을 한 것에 비해 생각만큼 자신감이 생기지 않았다는 이야기는 흔하게 들을 수 있다. 물론 예외도 있겠지만.

③의 경우 자상적 자기애자는 대개 '아무것도 안 하는 나는 쓸데도 없고 아무런 가치가 없다. 그러니 죽는 것이 낫다'고 말하는데, 이처럼 '가치가 없는 인간은 죽어야 한다'는 생각은 전형적인 우생학적 논리의 사고방식이다. 나 자신은 얼마든지 매도해도 괜찮다는 생각은 틀렸다. 스스로 무가치한 인간이라

는 낙인을 찍는 것은 셀프 스티그마이며, 자기애를 위축시킬 수 있는 행위이므로 하지 말아야 한다.

일반적으로 우생사상은 우수한 유전자를 계승하기 위해 인공적 선택을 긍정하는 사상이라고 알려져 있다. 하지만 넓게는 인간의 '생'에 대해 '좋은 생'과 '나쁜 생'이 있다는 가치판단을 내리는 사상 전반을 모두 우생사상으로 보아야 한다. 만일 당신이 '나는 무가치한 인간이므로 죽고 싶다'고 생각하고 있다면 이미 우생사상의 싹이 자라고 있는 것이다.

우생사상의 기원은 미국의 단종법인데, 이를 철저하게 실천한 것이 독일 나치스이다. 나치스는 '민족 위생'이란 이름 아래 순수 게르만 민족의 유전자를 유지하기 위해 다양한 우생 계획을 실시했다. 그 중에서 유명한 것이 'T4 작전(장애인 등의 안락사)'인데, 20만 명 이상이 희생되었다. 정말 무서운 것은, 히틀러가 작전중지 명령을 내린 후에도 민간인들 사이에서 야생 안락사Wild Euthanasia가 지속되었다는 사실이다. 우생학적 논리의 발상이 자신도 모르는 사이에 자연스럽게 수용되는 현상이 일어난 것이다.

그러면 우생사상의 무엇이 나쁜 것인가. 좋은 생과 나쁜 생이 있다는 생각이 왜 문제가 되는 것일까? 나쁜 유전자를 도태시켜 국민 전체의 건강을 향상시킨다는 것이 왜 틀린 생각인가? 간단히 답하기는 어렵지만 철학적 관점에서, 애초에 '인간의 생에 대한 가치판단 자체가 불가능하다'는 점을 들 수 있다. 왜냐하면, 모든 가치의 기반은 생명이기 때문이다.

그렇다면 모든 가치의 상위 개념인 인간의 생 그 자체는 가치 판단의 범위 밖이라는 이야기가 된다. 반대로 어떤 가치를 논하고 싶다면 '생의 평등성'이라는 전제 하에 시작되어야 한다. 이것은 세상의 모든 사상과 철학, 가치관의 대전제가 바로 '생의 평등성'이라는 말과도 같다.

답변을 듣고도 '살아야 할 가치'를 굳이 묻는다면, 분명히 당신 자신에게 다시 돌아올 질문이 될 것이다. 훗날 당신이, 또는 당신의 가족이 병에 걸리거나 나이가 들거나 장애를 입어서 '기능하지 못하는 인간'이 된 경우, 당신은 그 사람이 곧바로 죽기를 바랄까? 설령 당신이 자상적 자기애를 앓고 있다 하더라도 이 물음에 쉽게 대답할 수는 없을 것이다. 답하기 어렵다면 거기에는 당신의 논리적 보루가 존재한다. 기능을 하느냐 못하느냐로 사람의 인생을 판단해서는 안 되는 이유가 거기에 있는 것이다.

이런 이야기를 꺼내는 이유도 언제부턴가 은둔형 외톨이 당사자로부터 '적극적 안락사의 합법화'를 희망하는 목소리가 커지고 있어서다. 장기간 은둔을 계속해온 결과 살아 숨 쉬는 것조차 고통스러워 어쩔 도리가 없다. 나는 살아갈 가치가 없는 사람인데 그렇다고 자살은 못하겠다. 합법적인 안락사가 인정된다면 망설이지 않고 선택할 수 있다는 등등의 이유로 호소한다.

안락사의 합법화를 결사반대하는 입장은 아니지만, 정신적인 고통에 대해서만은 적용 대상에서 제외해야 한다는 생각이다. 의사가 암 환자에게 염화칼륨을 주사해 죽음에 이르게 한 도카이 대학병원 사건의 요코하마 지방법원 판결문(1995년)에는 적극적 안락사를 인정하기 위한 네 가지 요건이 명시되어 있다. 그 요건을 보면 정신적 고통은 안락사 대상에 들어가지 않는다. 당사자의 절망감이 아무리 깊다고 한들, 정신적 고통은 가역적이다. 그것을 제거하는 것이 절대 불가능하다고 단정지을 수 없기 때문이다. 판결문에 명시된 안락사 인정의 그 네 가지 요건을 여기에 옮겨보았다.

① 환자가 견디기 힘든 육체적 고통에 괴로워하고 있다.
② 죽음을 피할 수 없는, 죽음의 시간이 임박해 있다.
③ 육체적 고통을 제거·완화하기 위해 모든 방법을 동원했으나 다른 대체 수단이 없다.
④ 생명의 단축을 승낙하는 환자의 명확한 의사표시가 있다.

신체질환에 의한 '죽음을 피할 수 없는' 이라는 조건은 어느 정도 객관적으로 확인이 가능하다. 하지만 은둔형 외톨이가 절망적 상황인지 어떤지는 당사자의 주관적 판단 말고는 그 근거가 없다. 정신적 고통이라는 주관적 조건을 안락사의 요건에 포함하면 확대해석으로 혼란을 부를 것이 너무도 자명하다.

만성적인 우울 상태인 사람이 치료보다 안락사를 선택할 사태가 너무도 쉽게 예상된다. 정신과의사의 입장에서 나이가 아무리 많은 은둔형 외톨이라 해도 회복될 가능성이 있다고 보기 때문에 안락사에는 동의할 수 없다. 아마 일부 당사자와 의견이 일치하지 않을 수도 있겠지만, 어쩔 수 없다.

재차 반복하지만 당사자의 정신적 고통이나 고뇌의 상당 부분은 셀프 스티그마적인 자기 비하, 자기 부정에 기인한다. 대부분의 당사자가 아무리 자기 비하를 한들 타인에게 피해를 주는 것도 아닌데 하고 싶은 대로 하는 게 뭐 어떠냐는 의견도 있겠지만, 여기서 다시 한번 말하고 싶다. 당신이 타인을 함부로 부정하지 않는 논리적 이유가 있다면, 그것과 똑같은 이유로 자기 자신도 부정하지 말아야 한다.

자기 부정의 그 뿌리에는 분명 자기애, 즉 자신을 소중히 여기고 싶은 마음이 있을 것이다. 당신이 자기 부정을 하도록 만드는 것은 당신 자신의 가치관이라기보다 세상의 가치관이나 동조 압력이 작용한 결과이다. 당신은 스스로 '나는 가치가 없는 인간이다'는 발견을 한 것이 아니라, 이 사회와 세상의 가치관 아래서 그렇게 유도된 것일지 모른다. 만일 조금이라도 가슴에 짚이는 것이 있다면 혼자 생각에 잠기지 말고 가족이나 친구, 또는 온라인 그 누구와도 좋으니 대화를 해보았으면 하는 바람이다. 대화에 관해서는 다음 장에 조금 자세히 다루도록 하겠다.

'아집'을 버리려면 어떻게 해야 하나

자기애 때문에 고통스럽다면 그 자기애를 버리면 그만 아닌가? 하고 생각할 수도 있다. 자기애에 집착하는 이른바 '아집'이라고 하는 이것을, 불교에서는 버리라고 가르치고 있다.

불교에도 다양한 유파가 있는데, 특히 원시불교에 가까운 상좌불교에서는 이 점을 꽤나 강조하고 있다. 이전에 스리랑카 상좌불교(테라와다 불교) 장로이면서 일본 테라와다 불교협회 장로인 알루보물레 스마나사라Alubomulle Sumanasara와 대담한 적이 있는데, 상좌불교의 가르침의 중심에는 '무상無常'과 '아집의 부정'이 있다고 한다.

이전부터 무상은 그렇다 치더라도 아집에 관해서만은 장로와 의견이 일치하지 않을 것이라 생각했었다. 물론 아집을 버리면 평안을 얻을 수 있다. 하지만 '거세가 번뇌를 사라지게 한다'거나 '죽으면 죽음의 공포가 사라진다'는 이야기처럼, 진실이기는 하지만 그 누구도 실천할 수 없는 진실에 어떤 의미가 있는지 궁금하다.

아집, 다시 말해 자기애를 버리는 것은 우리 모두에게 지난한 과제일지도 모른다. 적어도 필자에게는 무리인 것 같다. 필자가 할 수 있는 것이 있다면 자기애를 버리는 것이 아니라 성숙시키는 일 정도가 아닐까. 2009년에 발간된 알루보물레 스마나사라의 책 《무상에 대한 생각無常の見方》에 나오는 '무상을 아는 사람(아집을 버린 사람이라고 이해해도 상관없다)'의 특징을 몇 가지 뽑아보았다.

- 성격이 유연하고 현명하다.
- 주의 깊고 실패하지 않는다. 인간관계 유지를 게을리 하지 않는다.
- 안정적이며 패닉에 빠지지 않는다.
- 과거를 후회하지 않고 미래를 기대하지 않으며, 밝다.
- 즐겁게 살며 마음을 성장시킨다.

실제로 이런 특성을 거의 충족시키는 사람이 주변에 있다. 앞에서 언급한 적이 있는 아티스트이자 작가이며 그 외에도 무수한 직함을 갖고 있는 사카구치 쿄헤이다. 그와 서신왕래를 통해 이야기를 주고받은 적이 있다. 정말로 아집과는 거리가 먼 사람이라는 생각이 들어 그에게 직접 물어봤더니 위에 적은 성격 특징과 거의 맞아 떨어졌다.

사카구치 쿄헤이는 '완전 무소유의 생활'을 즐기고 있고, '만일 가족을 잃게 된다면 그냥 거기까지일 뿐', '내일 죽는다고 해도 정말 아무런 후회도 없다'는 내용의 답장을 했다. 단순히 강한 척하거나 자신을 드러내지 않기 위해 하는 말로 들리지 않았다. 자세한 것은 《생명의 편지いのっちの手紙》(2021년)의 서신왕래를 읽어보면 잘 알 수 있다.

그는 자신의 휴대전화 번호를 공개하고 '생명의 전화'라는 이름을 붙여 자살관념을 갖고 있는 사람들을 무료로 상담하고 있다. 많게는 하루 100건 이상의 전화 상담을 십수 년째 이어오고 있는데, 만일 그에게 아집이 있다면 이런 일은 도저히 불가능할 것이다. 아집이 있는 사람은 타인의 호소에 감정이입하기 쉬워서, 죽고 싶다는 호소를 계속 듣게 되면 공감성 피로로 번아웃 상태가 될 가능성이 높다.

그가 상좌불교의 가르침을 독자적으로 몸소 구현하고 있

는 것은 아닌가 한다. 앞서 말했듯 그는 양극성 장애를 안고 있
는 사람으로 몇 번이나 강렬한 자살충동을 느낀 적이 있다. 그
럼에도 그러한 고통 속에서도 창작활동을 계속하고 있다. 그
는 '좀 더 유연하고 온화하게, 그렇다고 해서 은둔해버리지는
말고 모두 함께 어울리며 살고 싶다'는 바람이 있다 한다. 말
그대로 '깨달음'의 경지에 가까운 상태가 아닌가. 상좌불교에
서 말하는 깨달음을 얻은 사람(아라한)이란 결국 '모든 것이 공
空'임을 완전하게 이해함으로써 살아가는 과정 그 자체를 즐길
수 있는 사람을 가리키기 때문이다.

사카구치 쿄헤이의 삶의 방식은 사상과 실천의 일치라는
점에서 희유의 삶이라 할 수 있다. 도저히 흉내조차 낼 수 없는
삶인데, 필자 외에도 그렇게 느끼는 사람이 적지 않으리라 생
각한다. 역시 자상적 자기애의 대책으로 '아집을 버린다'는 것
은 아무나 할 수 있는 일이 아니다.

:

값싼 방식으로 고양된 자기긍정감은

언젠가는 반드시 그 반작용이 찾아온다고 확신한다.

'건강한 자기애'란

어떤 것인가

여기까지 왔으니 이제는, '건강한 자기애'에 대해 한번 생각해보는 것이 좋을 듯하다. 건강함이란 무엇인가 하는 문제는 의외로 판단이 어렵다. 하지만 지극히 평범한 의미에서, 사람을 행복하게 만드는 자기애가 바로 건강한 자기애라고 이해하는 것이 좋겠다.

앞서 기술한 코헛의 자기 심리학에 의하면 인간의 심리에서 가장 중요한 것은, 자기 마음을 응집된 형태 안에, 즉 한 묶음의 '자기' 안에 조직화 하는 것이다. 또 자기와 환경, 자기와 관계 안에서 자기 지지적 관계를 확립하는 것이다.

코헛은 정신분석에 의한 치료를 '성숙한 성인 단계의 자기와 자기대상의 공감적 조화를 확립하는 것'이라고 했다. 그렇다면, 이것이 건강하게 회복된 자기애의 모습과 일치한다는 해석이 가능하다. 치료 목표라는 관점에서 보았을 때 이 설명은 이해하기 쉽고 간결하다. 다만 개인적으로 이렇게 간단한 설명으로 끝내도 괜찮은 건지, 조금 추상적이지는 않은지 의문이 생긴다. 그래서 '건강한 자기애'의 형태에 대해 좀 더 구체적인 이미지를 만들어갔으면 한다.

이미 알고 있겠지만, '건강한 자기애'는 거의 '성숙한 자기'의 의미에 가깝다. 자기애는 자기를 기능하게 하는 엔진 역할이므로 당연한 이야기이다. 하지만 건강한 자기애의 의미를 '건강하고 성숙한 자기 이미지'까지 확장시킨다면, 프로이트로 시작해서 뇌과학에 이르기까지 일일이 셀 수 없을 정도로 많은 이론을 다뤄야 한다. 따라서 여기서는 자상적 자기애와 연관된 자기의 바람직한 상태에 대하여 검토하려 한다.

얼마 전 사망한 정신과의사 나카이 히사오中井久夫는 건강한 정신에 대해 '자신이 세상의 중심이면서 동시에 세상의 일부에 지나지 않는다고 느끼는 것'이라는, 언뜻 모순된 인식이 양립한 상태로 설명하고 있다. 여기서 만일 '내가 세상의 중심'이라는 의식이 과장되면 나쁜 의미의 '자기애성 성격장애'가

된다. 반대로 '나는 세상의 일부'라는 인식만 남게 되면 자기 비하를 하며 '자상적 자기애'와 같은 복잡한 문제가 생길 것이다.

이 '나는 세상의 중심이면서 일부'라는 인식은 여러 가지로 응용이 가능하다. 자기계발서의 고전이라 할 수 있는 스티븐 코비Stephen Richards Covey의 《성공하는 사람들의 7가지 습관》(1994년, 김영사)라는 책을 보자. 이 책에서 제언하는 제 4의 습관 'WIN-WIN'은 단순히 '쌍방에 이익을 주는 계약'과는 조금 다르다. 이것이 말하고자 하는 것은 '어서션assertion'이라 불리는 사고방식에 아주 가깝다.

간단하게 말해 '타인을 배려하면서도 자기가 말하고자 하는 것을 확실하게 이야기하는' 자기표현의 자세를 의미한다. 상당히 성숙한 태도라 할 수 있는데, 이것에 앞의 이야기를 함께 엮어보면 다음과 같다. 자신이 세상의 일부에 지나지 않는다는 생각에만 치우치면 하고 싶은 말을 하지 못하고 타인에게 맞추기만 하는 조금 비굴한 자세가 된다. 반대로 자신이 세상의 중심이라는 생각만 가지고 있으면 타인을 배려하지 않고 자신이 하고자 하는 말만 주장하는 자기중심적 태도가 된다. 양쪽 모두 문제가 있다.

그런 의미에서 '어서션' 사고방식은 건강한 자기애를 키우는 하나의 기준이 될 수 있다. 자상적 자기애자는 자기주장에 가치가 있다고 생각하지 않기 때문에 주장하기를 주저하기 쉽다. 그렇다고 주장하고 싶은 것이 아예 없을 리는 없다. 때문에 주장을 참는데 이것이 일종의 실패 경험으로 기억된다. 그 결과 점점 더 자기주장을 꺼리게 되는 악순환에 빠진다.

타인의 기분을 생각하지 않고 하고 싶은 대로 말하거나, 타인의 기분에 너무 신경을 쓴 나머지 자기에 대해 아무 말도 하지 못하는 경우 두 가지 다 미성숙한 상황이다. 성숙이 언제나 미성숙보다 옳다고 할 수는 없다. 하지만 이 상황은 성숙한 주장을 하는 쪽이 더 자유를 얻게 되므로 유리하다. 다만 배려와 주장의 균형을 어떻게 맞출지는 많은 경험을 쌓아가며 배우는 방법밖에는 없어서 대단히 어려운 문제다.

이렇게 서로 모순된 인식이 성립하기 위해서는 2단계의 인간관계 구축이 필요하다. 첫 번째인 '나는 세상의 중심이다'라는 인식은 주로 부모자식 간의 적절한 관계에서 길러지는 것이다. 부모는 내가 단지 나로 존재한다는 이유만으로 사랑을 주는 세상에 유일한 존재이기 때문이다. 그 속에서 키워가는 건강한 자기중심성이 우선적으로 필요하다.

그런 후에 친구나 선생님, 동아리 선배나 후배, 또는 나와 다른 세대인 지인과의 교류 등 가족 이외의 인간관계가 '나는 세상의 일부에 지나지 않는다'는 인식을 갖게 한다. 이렇게 다양한 인간관계를 경험해야만, 자신의 욕구를 관철하려면 상대를 존중하는 소통 방법을 써야만 한다는 사실도 알게 된다.

비평가 고바야시 히데오小林秀雄는 2003년《고바야시 히데오 전작품 13小林秀雄全作品13》에 수록된 〈도덕에 대하여道徳につ いて〉에서 '자신自信'에 대해 이렇게 쓰고 있다. "자신이라는 것은 마치 하늘에서 내리는 눈처럼 소리 없이 어느 틈엔가 수북이 쌓인 모양과 같은 것이 아니면 안 된다. 이런 자신은 예로부터 말해온 것처럼 가슴 언저리에 생기지, 머리에는 생기지 않는다. 머리는 늘 의심하고 있는 것이 좋다. 어려운 일이긴 하지만 그것이 제일 건강하고 바람직한 상태라 할 수 있다."

물론 자신감과 자기애를 같은 것이라 할 수는 없다. 하지만 '건강한 자기애'의 이미지에 가깝다. 여기서 '가슴 언저리에 생기는' 것이 건강한 자기중심성, '의심하는 머리'는 자기를 '세상의 일부'로 관조하는 기능이다.

부모자식 간의 관계 안에서 적절한 자기중심성을 키우지 못한 사람, 가족 이외의 대인관계에서 존엄에 깊은 상처를 입은 사람, 이러한 사람은 자상적 자기애에 빠지기 쉽다. 그렇다면 회복을 위해서 어떻게 해야 할까? 부모자식 간의 관계는 반드시 회복된다는 보장이 없다. 또 대인 관계에서 상처를 입었던 사람은 다시 그러한 관계를 되풀이 하는 것에 심한 저항감을 느낀다.

그래서 앞서 기술했던 인과관계를 역전시켜보면 어떨까 하는 생각을 해보았다. 즉 안심할 수 있는 환경 안에서 자기주장을 펼치는 대화를 경험하게 하는 것이다. 어서티브 트레이닝Assertive Training이라는 대화 방식을 통해 쌓인 성공 체험이 자상적 자기애를 회복하는 계기가 될 수도 있다. 이를 위한 대화 방법에 대해서는 나중에 다시 자세히 다루도록 하겠다.

필자의 자기애

여기서 잠깐 필자 자신에 대한 이야기를 해볼까 한다. 누군가 당신은 건강한 사람이냐고 묻는다면, 자신 있게 그렇다고 답할 수 있을지 장담은 못하겠다. 사춘기 이후로 경증이기는 하지만 대인공포 성향이 계속되고 있고 사춘기까지는 산만하고 충동적인 ADHD 성향이 있었는가 하면, 이른바 '아스퍼거 증후군'의 특성도 있었던 것 같다. 스스로도 균형 잡힌 인격을 갖고 있다고 생각하지 않는다.

그럼에도 다행히 지금까지 정신적으로 크나큰 장애 없이

지내왔던 것은 전적으로 강인한 '자기애'가 있었기 때문이다. 또한 자기애가 깊이 상처 받을 정도의 큰 좌절을 경험하지 않은 것도 큰 행운이었다. 물론 남들이 흔히 겪는 실연과 이혼을 경험하기도 했지만 어떻게든 잘 극복해왔다. 겉으로는 대체로 순조로운 인생을 살아온 것처럼 보일지 모르겠다. 하지만 '고생이란 걸 모르는 사람'은 아니라고 감히 말할 수 있다.

대학 시절에는 지금으로 치자면 '커뮤니케이션 장애'에 해당하는 사람이었다. 당시에 스쿨카스트가 존재했더라면 틀림없이 최하위 그룹 낙점이다. 미팅이나 테니스 스쿨, 스키 투어로 달아오르던 버블 시대의 대학 생활은 필자와는 전혀 다른 세상의 일이었다. 어떻게 해서 큰 좌절을 모르고 잘 지내오긴 했다. 단순히 운이나 인복이 좋아서였다. 대학원이나 직장이 대단히 관용적이었던 덕분에 무탈하게 지냈다. 소통 능력은 '보통' 수준을 유지하기 위해 꽤나 고생했던 시기가 있었다.

전문분야인 은둔형 외톨이 청년들을 보아오면서 도무지 남의 일처럼 생각되지 않았던 이유가 있다. '아차' 하는 순간 이들과 같은 처지가 되어도 전혀 이상하지 않았겠다 싶을 정도로 공감이 많이 됐기 때문이다. 필자가 쓴 은둔형 외톨이 관련 저서가 나름의 평가를 받고 있는 데에는 이러한 '당사자에 대한 (과할 정도의) 공감'이 큰 역할을 했다고 생각한다.

다만 필자와 은둔형 외톨이들 사이에는 결정적 차이가 하나 있다. 필자는 어려서부터 자기애가 유난히 강했다. 자기중심적일 정도는 아니었다. 타인에 대한 배려는 일반적인 정도였는데, 기본적으로 '이것이 나에게 이익이 되기 때문'이라는 생각에서였으므로 '자연스러운 마음 씀씀이'는 아니었다. 필자의 대인공포 성향 또한 강한 자기애 때문이고, 이미 정신분석이 간파하고 있는 바와 다르지 않다.

80년대 큰 인기를 누렸던 미국의 코메디 드라마 '패밀리 타이즈'에는 마이클 제이 폭스가 연기하는 자기애가 무척이나 강한 청년이 등장한다. 그의 대사 중 아직도 선명히 기억나는 것이 있다. 서로 사귄지 얼마 안 되는 연인에게 전화가 걸려온다. 연인이 '지금 뭐하고 있어? 나는 당신 생각을 하고 있는데'라고 하면 폭스는 '정말 우연인걸! 나도 지금 내 생각을 하고 있었어'라고 답한다. 이 대사가 단순한 개그로 들리지 않을 정도로 머릿속이 늘 나 자신으로 꽉 차있었다.

언제나 자신감과 자기긍정감이 넘치는 사람이었냐 하면 전혀 그렇지 않다. 글을 쓰는 동안이나 대학에서 강의를 할 때, 학회 발표를 하는 경우 항상 자신이 없다. 심지어 실패의 공포에 압도된 경우도 있다. 그럼에도 어떻게든 맡은 일을 해낸 것은 바로 '강한 자기애' 덕분이라고 생각한다. 이 자기애를 유지하기 위해 불안을 억눌러가며 리스크를 각오한 채 한 단계 점프하는 것이다. 뭐 대단한 일이라도 해낸 것처럼 들릴지는 모르겠지만 정직하게 하는 이야기이다.

'난 불안감을 견디면서 점프는 도저히 못 해'라고 생각하는 사람이 분명 있을 것이다. 그도 그럴 것이 전망이 불투명함에도 불구하고 계속 앞으로 나아가야 한다는 이야기나 다름없기 때문이다. 인생역전을 말하는 자기계발서에는 늘 "우선 행동하라", "행동한 후에 생각해라"와 같은 격려인지 선동인지 알수 없는 문구가 적혀있다. 이것이 그리 간단한 일은 아니다. 어느 정도 효과 있을지는 몰라도 자상적 자기애 때문에 옴짝달싹 하지 못하는 사람에게는 너무 가혹한 이야기가 될 수 있다.

물론 '전망이 어두워 행동에 옮기지 않는다'는 사고방식은 합리적이다. 이상한 변명이라고 생각하지 않는다. 철학적으로 생각해보면, 많은 사람들이 확실한 전망 없이 행동하거나 교류하는 것이 오히려 이상하다. 보통 취업할 때 그 직장의 내부 사정을 모두 파악한 후 취업을 결정하지는 않는다. 결혼도 마찬가지다. 상대의 성격이나 행동 패턴을 샅샅이 파악하고 나서 결정하는 사람이 얼마나 되겠는가. 취업이나 결혼 등 대부분의 일들은 그 기세의 흐름에 맡길 수밖에 없다. 일단 신중하고 합리적으로 검토하기 시작하면 결혼을 선택하는 사람은 점점 더 줄어들 수밖에 없을 것이다. 최근의 비혼화 현상에 이러한 합리성의 도입이 크게 영향을 주지 않았나 하는 의심을 조심스레 해본다.

여하튼 여기서 말하고자 하는 것은, 어떤 비합리성이나 '둔감함'까지도 건강의 조건이 될 수 있다는 이야기다. '건강생성학salutogenesis'이라는 개념을 고안한 의료사회학자 아론 안토노프스키Aron Antonovsky의 이론 중에 '일관된 감각Sense of Coherence(이하 SOC)'이라는 것이 있다. SOC의 정의를 살펴보면, '예측 가능하고 사물의 경우 과장이 없을 만큼만 자신의 내적·외적인 환경을 받아들이면서 잘해낼 수 있다는 예측이 가능한 자신감. 특히 침투적이고 지속적이며 동적이기까지 한 자신감의 정도를 표현하는 포괄적 방향성'이라고 되어 있다. 도무지 이해가 가지 않는 어려운 말이다.

조금 쉽게 풀어 말하자면 "어떠한 상황에서도 '어떻게든 되겠지'하는 안정된 자신감을 가지고 긍정적으로 상황에 대처할 수 있는 기본자세 내지는 성격 성향"이라고 할 수 있다. 이 자세는 더 나아가 '파악가능감(이해·판단)', '처리가능감(가능)', '유의미감(보람과 가치)' 이 세 가지 요소로 나눠진다. 코헛은 자기의 구성요소로서 '야심', '이상', '스킬'을 제시했는데, 이것은 SOC의 세 요소와 거의 같은 영역을 커버하고 있다는 것을 알 수 있다. 즉 인간이 '세상'에 맞서는 태세이다. 꼭 들어맞지는 않지만 야심은 파악가능감, 이상은 유의미감, 스킬은 처리가 능감과 겹쳐진다. 이와 더불어 안토노프스키는 코헛이 설명하고 있는 자기애와 똑같이 SOC도 평생 동안 발달한다고 생각했다.

사실 앞에서 말한 세 요소를 판단할 만한 확실한 근거는 없다. 곤란한 상황에 처하더라도 막연하게 '어떻게든 될 거야' 하고 낙관할 수 있는 능력이라, 일종의 둔감함이라고 바꿔 말할 수도 있다. SOC 개념이 세운 공적을 하나 들라면, 정신적 건강을 위해서는 이러한 둔감함이 필요하다는 사실을 확실히 증명한 것이다.

더 나아가 자상적 자기애를 안고 있는 사람과 연관 지어 본다면, 이들은 주로 '사랑'과 '인정'의 영역에서 위의 세 요소가 결핍되어 있다고 할 수 있다. 이 세 요소를 사랑과 인정 영역에 직접 엮어 생각하면 이런 설명이 가능하다. '자신이 사랑받을 가능성을 믿는다', '자신은 사랑을 획득할 수 있는 스킬을 가지고 있다', '사랑 받는 것에 의미와 기쁨을 느낀다' 여기서 중요한 것은 위 세 가지의 어느 것에도 판단의 근거는 없다는 점이다. 사랑 받을 '가능성', '스킬', '기쁨' 이 모두가 이렇다 할 근거 없는 자기 확신에 지나지 않는다. 그래서 이것이 폭주하면 '저 사람이 나에게 강렬한 연애 감정을 느끼고 있다'는 연애 망상이 되어버린다. 반대로 이 세 요소가 완전하게 결여되었다면 사랑받기조차 어려워진다.

만화나 애니메이션에서는 자신감이라고는 전혀 없는 음울한 캐릭터의 주인공(주로 남성)이 어쩌다 다수의 이성에게 동시에 사랑받는 스토리가 인기를 얻는다. 현실에서는 일어나기 어려운 이러한 스토리에 감정이입을 하는 사람 중에는 자상적 자기애자가 적지 않을 것이다. 그것이 맞다면 역시 이들은 남녀를 불문하고 사랑에 절망하지만 절대 사랑을 단념하지 못하는 사람들이 아닐까. 이것은 자신을 부정하면서도 자기애를 버리지 못하는 감정의 평행선과도 같다.

나 자신으로 살고 싶다

다시 필자의 이야기로 되돌아가면, 필자의 둔감력은 상당히 높은 편이다. 물론 누구에게나 사랑 받을 거라는 과장된 자신감은 없다. 하지만 이 세상은 꽤나 넓어서 필자에게 관심을 갖는 사람이 일정 수 존재한다고 해도 이상하지 않을뿐더러, 필자가 호감을 느끼는 상대가 필자에게도 호감을 느낄 확률은 꽤 높지 않을까. 모두 확실한 근거도 없고 자기 확신에 지나지 않는 막연한 생각일 뿐이다.

좋아하는 만화 작품 중에 아라키 히로히코荒木飛呂彦의 〈죠죠의 기묘한 모험〉이 있는데 이 작품의 4부에 기시베 로한이라고 하는 인물이 등장한다. 이 캐릭터는 천재적 재능을 가진 만화가로 조용한 환경에서 창작에 몰두하는 것을 무한의 기쁨으로 여기는 진정한 나르시시스트다. 어느 날 그는 적에게 포위되어 빈사상태에 이른다. 적은 그에게 목숨을 살려주는 대신 주인공 죠스케를 배신할 것을 요구한다. 기시베는 '정말 나를 살려주는 것이냐?'고 확인하면서 일단 거래에 응할 것처럼 굴다가 순간 돌변하면서 "그래도 거절하겠다"고 단호하게 쏘아붙인다. 기시베 로한을 정말 좋아하는 이유는 강한 대상을 향해 주저 없이 "No"라고 거절하는 인물이기 때문이다.

이것이 바로 궁극의 자기애라고 생각한다. 목숨을 던져도 좋을 만큼 나 자신을 좋아하기 때문에 거절할 수 있는 것이다. 그야말로 목숨을 건 나르시시즘이다. 적의 제안을 받아들이면 죠스케가 위험에 빠지는 것 따위는 문제가 되지 않는다. 그럼에도 그가 "그래도 거절하겠다"고 쏘아붙일 수 있는 이유는, 그런 아름답지 않은 행위에 발을 들이는 자신을 도저히 받아들일 수 없기 때문이다.

자기애를 굳이 '자기 자신이 너무 좋은 감정'이라고 바꿔 말하지는 않겠다. 기시베 로한의 예처럼 '있는 그대로의 나로 살고 싶다'는 욕망이 바로 자기애인 것이다. 이러한 욕망 안에는 '자신이 좋다'거나 '자신이 싫다'거나 '자신을 잘 모르겠다'는 것 모두 다 포함되어 있다. 이에 비해 자기긍정감은 '자기 자신'과의 괴리를 느끼게 될 위험이 있다.

이렇게 단정할 수 있는 것은, 필자 자신이 언제나 '나 자신으로 살고 싶다'는 강한 욕망을 갖고 있기 때문이다. 이것은 때때로 '호기심'이라는 형태로 표출된다. 어떠한 가혹한 상황에 처하더라도, '내 자신이 너무 소중하기 때문에 괴로운 일은 피하고 싶다'고는 생각하지 않는다. 어디선가 자신을 내려다보며 스스로 '이렇게 조금은 별난 사람이 혹독한 시련을 만나게 되면 어떤 모습으로 반응을 보일까' 궁금해하면서 흥미진진하게 지켜본다.

정신분석가인 로버트 스톨로로우Robert D. Stolorow는 1975년 자기애에 대해 '자기 표상의 구조를 유지하는 기능'이라 정의했다. 통합된 자기 이미지가 안정성을 확보하고 긍정적 감정에 둘러싸인 상태를 유지하는 건강한 나르시시즘이라고 인식하는 것이다. 여기서 말하는 자기표상은 신체와 깊은 연관이 있다. 오해가 없도록 덧붙여 두자면, 이것은 자기의 얼굴이나 신체가 아름답거나 멋지다는 의미가 아니다. 인간의 '나 다움'은 결국 몸을 매개로 한다는 것이다. 앞서 기술했던 해리성 정체장애의 교대인격을 예로 들어보자. 다중인격이라는 것은 복수의 교대인격이 하나의 신체를 공유하고 있는 상태이다. 이는 캐릭터도 마찬가지다. 같은 신체를 가진 개인이 때와 장소에 따라 각기 다른 캐릭터가 되기 때문이다.

자기애, 즉 '나 자신으로 살고 싶다'는 욕망은 캐릭터와 신체가 일치하는 경우에 가장 안정된 상태에 머문다. 따라서 이것도 건강한 자기애의 조건에 해당한다. 계속해서 '자기긍정감'보다는 '자기애'라는 말을 고집하는 것은, 이것이 훨씬 풍부한 의미를 담고 있기 때문이다.

평론가 고바야시 히데오의 말처럼 이것은 시간을 두고 아주 천천히 가슴 언저리에 쌓여가는 것이며, 두뇌는 이것을 비판적으로 바라본다. 그렇다, 단순히 긍정만을 설명하는 것이 아니다. '나다움'이라는 말 자체가 많은 의미를 함유한다. '나다움'이라는 기준 아래 자기를 비판적으로 바라보는 시점도 포함하는 것이다. 긍정의 감정을 쌓아가면서 비판적으로 자기 모니터링을 계속하는 것. 이 모니터링이 너무 과하면 자상적 자기애에 빠지는 결과를 초래한다.

다만 나 자신이 나다운 모습으로 있기 위해서는 위의 두 가지 요소만으로는 부족하다. 성숙한 자기애를 구성하는 요소에는 자기긍정감뿐 아니라 자기비판, 자기혐오, 자존심, 자기처벌이라는 다양한 요소가 포함되어 있다. 이러한 의미에서 자기애란 자기를 자기답게 만드는 폴리포닉polyphonic하고 활발한 움직임이다.

여기서 말하는 폴리포니polyphony*란 조화로움에 의존하지 않는 이질적인 것들의 공존을 의미한다. 러시아의 철학자 미하일 바흐친 사상의 핵심 개념인 폴리포니야를 의미하기도 한다. 따라서 자기애란 '나 자신의 모습으로 계속 살고 싶은' 폴리포닉 한 욕망으로 가는 접근법을 가리키는 말일 수도 있다.

고도로 달성된 자기애는 일일이 '나 자신이 좋아'라는 생각조차 하지 않을 정도로 자연스럽다는 의견도 있다. 경제적으로나 정서적으로 윤택한 양육환경에서 자란 사람 가운데 실제 그러한 사람이 있다. 가장 건강하면서 바람직한 형태의 자기애는 공기와 같이 투명한 것일지도 모른다. 그야말로 안정된 자의식의 기반이 형성된 상태다.

이러한 경지에 이르게 되면 자기긍정과 자기혐오가 서로

---

* '다수'를 의미하는 그리스어 '폴리스polys'와 '포노스phonos'를 합성한 말로서, 여러 개의 선율이 어느 정도의 독립성을 유지하면서 동시적으로 결합되는 짜임새를 가리키는 말

분리 되지 않는 폴리포니야가 실현되었다고 보아도 무방하다. 오히려 겸허하고 박애적이기까지 한 사람으로 보일지도 모른다. 따라서 그 모습이 전혀 '아집이 없는 사람'처럼 보이는 것이다. '대욕은 무욕이다'와 같은 경지라고나 할까.

이에 비해 언제나 '나 자신이 정말 좋은' 사람은 다소 불안정해 보이는 부분이 있다. 항상 내적으로 자기애를 확인하는 사람은 조그마한 상처에도 쉽게 동요한다. 따라서 누가 보더라도 '자신을 좋아하는' 것이 확연하게 드러나는 사람은 자신을 지지하는 기반에 자기애가 빠져있는지도 모른다.

6장 　　　　　건강한 자기애를
　　　　　키우기 위해 무엇을
　　　　　할 수 있을까

내 존엄은

내가 지킨다

자상적 자기애는 누구에게나 언제든 생길 수 있으나 그리 병리적으로 심각한 것은 아니라고 설명했다. 언뜻 심각한 고민인 것 같아 보이지만 그 마음 깊은 곳에 건강한 자기애가 자리하고 있다는 점. 이것이 이 책에서 말하고자 하는 일관된 주장이기도 하다. 그렇다면 자상적 자기애의 자상성은 어떻게 완화할 수 있을까. 가능성은 있는 것일까.

필자는 '있다'고 생각한다. 이것이 이 장을 통해 말하고자 하는 내용이다. 재차 반복하지만 '이렇게만 하면 자기긍정감을 높일 수 있다'는 이야기는 아니다. 그런 방법들은 서적과 동영상, 온라인 등에 정보가 넘쳐나기 때문에 여기서 굳이 말할 필요조차 없다.

이 방면에는 셀리그먼Martin Elias Peter Seligman 등이 확립한 '긍정 심리학'이라는 분야가 있는데, 나름 증명된 학문이므로 참고하면 도움이 될 듯하다. 다만 자기긍정감을 쉽게 높여주는 방법은 그 효과가 상당히 한정적이다. 이를 감안한다면 시도해 보는 것을 굳이 말릴 생각은 없다. 하지만 해결을 기대하고 그것이 잘되지 않았을 때의 역효과를 생각하면 애초에 과도한 기대는 금물이다.

지금부터는 당사자들을 지원한 경험을 통해 이끌어 낸 '자상적 자기애를 완화하는 방법'에 대해 이야기하고자 한다. 제일 먼저 '높은 자존심과 낮은 자신감'이라는 특성에 자신이 해당된다면 왜 그토록 자기 자신을 부정하는가에 대해 재검토해 봐야 한다. 가장 기본적인 문제다. 그 자기부정은 자기애에서 유래한 것임이 거의 확실하다.

여기서 말하는 '자기애'란 '내가 너무 좋아'가 아니라 '나 자신의 모습 그대로 있고 싶다'는 감정이다. 바로 이 자기애가 지금의 자기 모습을 받아들이지 못하고 자기 자신을 계속 부정하도록 만든다. 하지만 이 때 정말 부정당하는 것은 '못난 캐릭터의 자기 자신'이지, 당신 그 자체가 아니다. 당신은 당신 자신조차도 감히 짐작할 수 없을 만큼의 깊이를 가진 존재이지만 그것을 무시한 채 표면적인 '못난 자신'이라는 캐릭터를 덧씌워 공격하고 있는 것이다.

한 사람의 인간적인 속성에는 무수히 많은 장점과 단점이 포함되어 있는데, 이것을 한꺼번에 이미지화하는 것은 불가능하다. '이런 나 자신은 가치가 없다'고 단정할 때의 '이런 나 자신'은 당신 자신이 갖고 있는 속성의 아주 작은 한 부분에 지나지 않는다. 그럼에도 그것을 억지로 자기 자신이라 믿고 그것을 공격함으로써 스스로 자존심과 자기애를 지키려 하고 있는 것이다.

이 부분에서 "이론은 그야말로 지당하지만 내 자신이 싫다는 감정은 전혀 변화가 없어…"라고 느끼는 사람이 적지 않을 것이다. '나 자신을 좋아할 수가 없다', '내 자신이 싫다'는 감정은 오랜 기간 길들여온 습관 같은 것이어서 이론 하나로 간단히 바꿀 수 있는 문제는 아니다. 당연한 일이다.

'자상성'을 완화하는 방법

　지금까지의 이야기는 전제에 해당한다. 여기서부터는 자상적 자기애의 '자상성'을 완화시키는 방법에 대해 생각해보고자 한다. 거듭 당부하지만 이것은 '자기긍정감을 높이는 방법'이 절대 아니다. 그러므로 몇 번 시도했다고 해서 바로 행복감이 생기거나 하지 않는다. 또 주위 사람의 협력이 많이 필요해서 지금 당장 쉽게 실행에 옮길 수는 없다. 따라서 아주 뻔한이야기가 되겠지만, 대략적인 행동 지침과 향후 방향성에 대해 먼저 밝혀둘 필요가 있다.

・ 존엄에 상처 주지 않는 환경으로 옮겨가기

　자상적 자기애의 최대 원인은 상처 받은 존엄에 있다. 그것은 가족에 의한 상처나 교실이나 직장에서 입는 상처와 같이 다양한 상황에서 생기는 것일 수 있는데, 이렇게 장기간에 걸쳐 자기 자신의 가치를 계속 부정당하는 경험이 자상성을 심화시킨다. 그렇기 때문에 무엇보다 우선시되어야 할 것은 '존엄에 상처 주지 않는 환경에 몸을 두는 것'이다.

　만일 당신이 아직 그러한 환경에 노출되어 있다면 당장 거기서 빠져나올 필요가 있다. 집 안에서 은둔생활을 하고 있는 경우라면, 가족의 비난이나 부정적 언동이 당신을 만성적인 상처에 노출시킬 가능성이 있다. 가족에게 지금 당장 존엄에 상처 주는 언동을 멈추라는 의지를 표명한다고 해도 그리 간단히 실행되는 일은 아니다.

그렇다고 당장 집을 나와 혼자 살라고 권유할 수도 없다. 은둔생활에서 자취 생활로 환경을 바꾸면서 점점 더 고립되어 버린 케이스가 아주 많기 때문이다. 또 자상적 자기애 성향이 강한 사람의 자취 생활은 상당한 위험을 안고 있다. 고립 상태로 자기 부정적 사고가 심화되어, 옴짝달싹 못하게 되는 경우가 그렇다.

가족과 떨어져 지내는 것을 최후의 수단으로 남겨둔다고 가정했을 때, 차선책으로 무엇을 할 수 있을까? 바로 '대화'다. 이것에 관해서는 나중에 자세히 기술하도록 하겠다. 학교나 직장의 대인관계에서 상처를 입은 경우는 어떤가. 학교라면 학생들 간의 따돌림이나 교사의 정신적인 괴롭힘, 스쿨카스트와 같은 문제가 있다. 고등학교까지는 먼저 가장 신뢰할 수 있는 어른에게 상담하도록 하자. 담임, 교내 상담 교사, 보건 교사, 그리고 가족을 생각해 볼 수 있다. 최근 학교 현장에서 이러한 문제를 가볍게 넘겨서는 안 된다는 분위기가 조성되고 있기 때문에, 어떻게든 손 쓸 방법을 찾으리라 생각한다.

상대가 제대로 된 대응을 하지 않는 경우는 어떤가. 당신이 당한 일이나 경험한 것, 학교 측의 대응까지 모두 녹음이나 일기 형식으로 확실하게 기록하자. 그것을 가지고 교육청이나 변호사 등에게 호소하는 방법이 있다. 대학이나 직장이라면 교내, 사내 심리상담 기관을 활용한다. 이 책은 괴롭힘이나 정신적 폭력에 관한 대책이 주된 내용이 아니므로 상세한 것은 관련 서적을 참조하길 바란다.

그 이전에 짚고 넘어가야 할 중요한 것은 지속적으로 존엄에 상처를 입었던 경험이 아이, 어른 상관없이 평생에 걸쳐 악영향을 끼칠 수 있다는 사실이다. 구체적으로 우울증, 불안 장애, 자살 등의 위험이 높아지는 것이 그 예이다. 자상적 자기애는 이런 악영향 중에서도 가장 경미한 축에 속한다고 할 수 있을 정도다.

나 혼자 참고 넘기면 될 일을 굳이 들추어내 소란을 피우고 싶지 않다는 심정은 이해가 간다. 그렇다고 해서 '자기 존엄에 상처를 입는' 상황에 익숙해지면 절대 안 된다. 습관이 되면 '나는 얼마든지 상처 받아도 괜찮다'는 자상적 자기애가 깊어지면서 만성화되고 만다.

지금 우리 사회는 '한 개인의 존엄'이 자유와 인권에 비해 상당히 경시되고 있다는 생각이 든다. 근래에 와서야 직장 내성희롱, 직장 내 갑질, 정신적 폭력·폭언, 고객 갑질 등과 같은 괴롭힘harassment이 문제시 되고 있지만 수년 전만 해도 이러한 상황에서 원래 자연스럽게 '피해자 측이 참고 단념' 했다.

그 전형적인 예가 학교 현장에서 행해지던 용모, 복장 규제다. 학생들은 거의 괴롭힘이나 다름없는 별 의미 없는 규제를 지도라는 이름으로 받아왔다. 이런 이유에서 '내 존엄은 내가 지켜야 한다'는 주장을 하게 되는 것이다. 이는 어른 아이 할 것 없이 모두에게 해당하는 이야기다.

만일 당신의 존엄이 계속해서 깎여나가고 있다면, 우선 그 상황을 정확하게 직시해야 한다. 그리고 그 상대가 누가 됐든 존엄 회복을 위해 싸워야 한다. 싸우는 것이 도저히 불가능하다면 철저하게 피해야 한다. 당신의 존엄은 당신 스스로 지켜야하기 때문이다. 흔히 "젊어 고생은 사서도 한다"고 말한다. 이 말의 근간에는 사제지간이나 직장에서의 갑질, 괴롭힘과 같은 굴욕에 견뎌냄으로써 강인한 정신력과 야심을 기를 수 있다는 '환상'이 깔려있다.

'인간은 굴욕을 참고 견디면서 성장한다'는 발상은 대단히 위험함에도 가정교육을 비롯해 부활동의 기합, 대학 내 연구지도, 직장 신입교육에 이르는 다양한 장소에서 아직까지도 이런 일들이 일어나고 있다. 역경을 헤치고 성공에 이른 극히 일부의 사람들이 '굴욕을 견뎌야만 강해질 수 있다'는 왜곡된 정신론을 강조하기 때문이다.

왜 이렇게까지 강한 어조로 말하는 것일까. 지금의 우리 사회가 자신의 존엄을 지키는 것에 대한 가치평가를 너무 낮게 하는 것은 아닐까. 다행인 것은, 굴욕 없이도 쑥쑥 성장하는 젊고 재능 있는 사람들이 많이 있어 이러한 발상이 점차 사라지고 있다는 사실이다. 하지만 지금도 굴욕을 견뎌내고 있는 사람들에게 한 번 더 강조하고 싶다. 당신의 존엄은 당신 스스로 지켜야 한다. 타인의 존엄을 해치지 않는 선에서, 어떠한 수단과 방법을 동원해서라도 지켜내야 한다.

• 가족 이외의 사람과 친밀하고 안정된 관계 맺기

자신의 가치를 높여, 즉 공부나 업무 등의 성과를 통해 자상성을 극복하려는 시도는 별 효과가 없다. 애초에 성공률이 높지도 않을뿐더러 성공한다 하더라도 자상성이 완화되리라는 보장이 없기 때문이다.

이것보다 훨씬 쉬우면서도 확률이 높은 방법은 가족 이외의 '친밀한 대인관계'를 갖는 것이다. 친밀하고 안정된 인간관계는 한 사람분의 인정의 재료가 될 수 있다는 점에서 중요한 의미를 갖는다. 이는 은둔형 외톨이에게만 해당하는 이야기가 아니다. 확실히 이것만으로 자상성이 해소된다고 할 수는 없지만, 우선 고립된 상황에서 자상성이 점점 심화되는 악순환에서 벗어날 수는 있다. 두 명 이상의 친구와 함께 대화하고 행동하는 것은 자상성을 얼마간 완화한다.

너무 잘 알고 있지만, 사실 제일 어려울 수도 있다. 그렇다면 하다못해 지금의 인간관계라도 소중하게 유지했으면 한다. 자상성이 강한 사람 중에는 '일말의 가치가 없는 자신을 상대해주는 것이 너무나 민망하다'는 이유 때문에 친구나 지인과 소원해지거나 스스로 연락을 끊어버리는 사람이 적지 않다. 하지만 그것은 자신의 존엄을 더욱 궁지에 몰아넣는다는 의미에서 자기 괴롭힘self-harassment이 될 수도 있다. 지금 맺고 있는 대인관계를 소중하게 여기면서 더 나아가 새로운 대인관계를 구축하는 데에도 관심을 갖기 바란다.

• 득과 실 따져보기

자상적 자기애자는 때때로 자기에게 손해가 되는 행동을 일부러 자처한다. 누구나 싫어하는 역할을 맡으려 하거나, 하고 싶은 말을 참고 삼켜버리거나, 혼자 감당이 안 되는 경우라 해도 절대 도움을 청하지 않는 예가 그렇다.

손해를 자처하는 행동은 이들이 갖는 강한 자책감 때문이다. 그럴수록 득과 실을 따져가며 생각하고 행동할 것을 권하고 있다. 어떻게 하는 것이 자신에게 득이 되는지 미리 따져보고 움직이라는 것이다. 이런 이해 타산적 행동을 상대가 싫어하면 어떡하나 걱정이 되면 미리 머릿속에서 시뮬레이션을 돌려봐도 좋다. 자기에게 유리하게 행동한다고 해서 반드시 미움을 사지는 않는다.

기본적으로 서로 이야기를 주고받을 때는 누구나 자신에게 무엇이 이득인지 생각하게 되므로, 결국 어느 지점에서 타협점을 찾아야 하는가가 주요한 주제가 된다. 따라서 당신의 이해 타산적 사고가 대화가 순조롭게 진행되는 데에 있어 중요한 역할을 한다.

그런 의미에서 어떤 문제가 생겼을 때 '건전한 피해자 의식'을 갖는 것이 중요하다. 자상적 자기애자는 사태가 악화되면 '내 탓일지도 모른다'는 생각에 쉽게 사로잡히는데, 그 전에 먼저 자신이 피해자일 가능성에 대해 생각했으면 한다. 그리고 자신이 피해자이기는 하지만 그 문제의 책임을 누가 어떻게 질 것인가에 대해 객관적으로 생각해봐야 한다. 이러한 건전한 피해자 의식은 자기애의 밸런스를 회복하는 데에 도움이 된다.

• '좋아하는 것' 하기

모든 자상적 자기애자에게 필자가 권하고 싶은 것이 있다면, 건강을 해치지 않는 범위에서 '좋아하는 것을 하는' 것이다. 자상적 자기애자는 책임감이 특히 강해 언제나 '하고 싶은 것'보다 '해야 하는 것'을 우선시하는데 이것은 틀렸다. 항상 '하고 싶은 것'을 우선시해야 한다.

취미를 찾으라는 대단한 이야기가 아니다. 매일매일 '하고 싶은 것'을 찾는 행위는 자상성 완화에 효과가 있다. 무언가에 열중하여 몰입하는 경험 자체가 행복감을 높여준다는 사실은 긍정 심리학의 가르침에도 나와 있다.

'좋아하는 것'을 도무지 찾을 수가 없는 경우에는 '아주 싫어하지는 않는 것'을 해봐도 좋다. 산책이든 집안일이든 반려동물과 노는 것, 어떤 것이든 상관없다. 관념은 제자리를 맴돌 수 있지만 행위는 제자리를 맴돌지 않는다. 어떤 행위라도 성심껏 열심히 임한다면 어느 샌가 좋아하는 것을 발견할 수 있고 발전도 기대할 수 있다. 다양한 활동을 해보는 사이에 이전에는 몰랐던 자신의 새로운 모습을 알게 되고, 이것이 더 나아가 자상성을 완화하는 효과를 가져다준다.

· 몸을 돌보기

자신의 신체를 돌보는 것이 계기가 되어 자상적 자기애가 회복되는 케이스도 있다. 자상성이 강한 사람 중에는 자신의 건강에 아예 관심이 없거나 '자기 무시self-neglect'라고 해도 이상하지 않을 정도로 식사나 청결문제에 신경을 쓰지 않는 사람이 있다. 이들은 또 건강을 해하는 행위(과도한 음주, 흡연, 약물복용 등)에 거부감을 보이지 않는 경향이 있다. 이러한 경향은 여러 가지 의존증에서 볼 수 있는 전형적인 증상인데, 그나마 다행인 것은 자상적 자기애 성향을 갖는 사람이 이러한 의존증으로 이행하는 케이스는 별로 많지 않다는 사실이다.

실제 은둔형 외톨이에서 의존증으로 이행하는 사람이 많지 않다는 임상적 사실이 보고된 바가 있다. 이것은 은둔생활을 하는 사람이 자살관념을 입에 담는 빈도에 비해 실제 자살로 이어지는 비율이 그다지 높지 않은 점과 비슷한데, 그 이유가 건강하게 기능하는 자기애 때문이라는 설명이 가장 설득력 있다.

몸을 건강하게 배려하는 셀프케어는 자기애를 안정시키는 지름길이다. 치과에 통원하며 치석을 제거하거나 안경을 새로 맞추어 시력을 교정하는 것도 좋고, 마사지를 받으며 신체를 바로 잡는 것도 유의미한 일이다. 운동 습관을 들이는 것도 적극 권장한다.

　운동 요법이 우울증에 효과가 있다는 연구결과도 있다. 오십이 넘어 달리기를 시작했고, 한 때는 풀코스 마라톤에 참가한 적도 있는데, 꼭 한 번 시도해봤으면 한다. 적절한 트레이닝은 신체 기능을 향상시킨다. 무엇보다도 이러한 과정을 통해 자기애가 안정되는 효과를 얻을 수 있다.

　셀프케어라는 말에는 자신의 용모를 잘 다듬는 것도 포함된다. 화장은 가끔 '무장'이라는 말로 표현되기도 한다. 필자에게는 미지의 세계이므로 화장이나 미용에 신경 쓰는 것이 자아의 기능을 강화해준다는 것은 직접 경험할 수 없는 상상 속에서나 가능한 일이다. 필자에게 화장은 별로 연이 닿지 않는 세계이지만, 옷차림이나 헤어스타일, 또는 신발이나 시계 같은 소품 등으로 자신만의 개성을 추구하면서 같은 효과를 기대할 수 있다. 그런 의미에서 미용이나 옷차림에 신경 쓰는 행위 자체가 셀프케어의 연장선이라고 할 수 있다.

:

자신自信이라는 것은 마치 하늘에서 내리는 눈처럼

소리 없이 어느 틈엔가 수북이 쌓인 모양과 같아야 한다.

자신은 가슴 언저리에 생기지, 머리에는 생기지 않는다.

대화를 통한 회복,

오픈 다이얼로그

지금까지는 뒤틀린 자기애를 가라앉혀 안정시키기 위한 일반적인 방법들을 간단하게 소개했다. 크게 두 가지로 요약해보면 가장 먼저 자신에게 지속적으로 상처를 주는 환경을 바꾸고, 자기 몸을 배려해 셀프케어를 하는 것이다. 단기적인 효과는 기대하기 어렵지만 장기적으로 습관화하다 보면 차츰 효과가 나타날 것이다.

마찬가지로 지금부터 제시하고자 하는 방법도 장기간에 걸쳐 습관화함으로써 효과를 높일 수 있다. 그 방법이 무엇이냐면, 바로 '대화'이다. 뭔가 김빠지는 느낌이 들 수도 있겠지만 여기서 말하는 대화는 '회화'나 '이야기를 주고받는 것'과는 다른 조금 특수한 대화다. 바로 '오픈 다이얼로그'라고 하는 정신질환에 대한 통합적 접근법이다. 이것은 말 그대로 '열려있는 대화'를 의미하는데, 필자가 현재 개발보급 활동에 참여하고 있다.

오픈 다이얼로그는 원래 1980년대 핀란드의 어느 정신과 병원에서 개발된 조현병 환자의 치료를 위한 한 방법이었다. 또 동시에 서비스 공급 시스템과 케어 관련 사상의 이름이기도 하다. 이것은 가족요법을 베이스로 하는데, 치료 팀이 환자의 이야기에 귀를 기울이기만 해도 조현병이 회복세를 보이는 등의 효과가 입증되어 핀란드에서는 아예 토르니오 시 지자체 단위로 서비스 공급 시스템을 만들었다. 활동 내용은 지극히 단순하다. 환자, 가족, 환자의 지인 등과 의사, 간호사, 심리상담사를 비롯한 의료팀이 한 곳에 모여 둥글게 모여 앉아 대화하는 것이 전부다.

지금까지 약물이나 입원 외에 다른 치료법이 없다고 여겨지던 조현병이 대화만으로도 회복세를 보인다는 사실이 너무 충격적이었는지, 일본의 임상 현장에서는 아직까지도 이를 온전히 받아들이려 하지 않고 있다. 가끔 컬트 취급을 하는 사람이 있을 정도인데, 방식만 놓고 보면 대단히 심플하고 투명성이 높아 이것이 왜 컬트로 보이는지 좀처럼 이해가 가지 않는다. 필자를 비롯한 활동가들은 이를 이미 실천하고 있으며 조현병 외에도 다양한 질환에서 성과를 올리고 있다. 입증단계라고 하기에 아직 이른 감이 있으나 임상경험을 바탕으로 자신감을 가지고 소개할 수 있다.

물론 의료기관이 제공하는 전문적인 서비스가 아니므로 이를 치료 서비스 형식으로 제공하기 위해서는 치료에 임하는 사람도 제대로 된 트레이닝을 받아야 한다. 하지만 이 방법 안에는 일상생활에서 응용이 가능한 여러 가지 힌트가 있어, 여기에 몇 가지 소개해 두고자 한다.

오픈 다이얼로그 형식 자체가 일본에 소개된지 아직 얼마 되지 않아 충분한 실천 경험이나 연구 성과가 축적된 것은 아니다. 하지만 필자가 지금까지 실행에 옮겨본 경험이나 다른 전문가의 누적된 경험을 통해 그 본질이 조금씩 보이기 시작했다. 따라서 오픈 다이얼로그의 방식이나 그 바탕을 이루는 사상적 측면은 틀림없이 사상적 사기애의 회복에도 도움이 될 것이라 믿는다. 이 점에 대해 간단히 소개하고자 한다.

대화를 실천해본다

　대화를 실행함에 있어서 가장 중요하게 생각해야 하는 점은 오픈 다이얼로그의 기반 '사상'이다. 오픈 다이얼로그에서는 참가자 전원의 '존엄'이 철저히 존중되어야 한다. 이것은 단순히 '비판하지 않는다'라든가 '상처 주는 말을 하지 않는다'는 이야기가 아니다.

　우선 대화의 장에 계층적 구조, 다시 말해 상하관계를 끌어들이지 않는다는 대전제가 있다. 그 자리에 없는 사람의 이야기는 하지 않는다는 규칙도 있다. 또 전문가가 참여하더라도 그 자리에서 전문가 행세를 해서는 안 된다. 진정으로 대등한 위치에서 대화를 하는 것이므로 환자는 전문가의 눈치를 살필 필요가 전혀 없다. 이렇게 상하관계가 없는 상황이나 누군가가 뒤에서 자신의 이야기를 하지 않는다는 확신이 주는 안도감은 놀라우리만치 인간을 해방시킨다.

　가정이나 학교에서, 또는 직장에서 꼭 한번 이런 방식으로 대화를 실천해볼 것을 추천한다. 특히 가정 내에서 존엄에 상처를 주고받는 행위가 일어나고 있는 경우, 이러한 대화는 관계회복에 확실한 도움이 될 것이다. 그러면 이제 대화를 어떻게 해야 하는지 그 진행 방식에 대해 알아보자.

가장 먼저 할 일은 퍼실리테이터facilitator를 두 명 정하는 것이다. 회의로 치자면 사회자에 해당하겠지만, 여기서의 퍼실리테이터는 대화의 장을 지휘하거나 결론을 유도하지 않는다. 퍼실리테이터는 대화가 지속될 수 있도록 질문을 하거나 감상을 이야기하거나 새로운 화제를 제안하는 등의 역할을 수행한다.

다음은 그 자리의 규칙을 전원이 함께 공유한다. 그 자리에서는 상하관계가 성립하지 않는다는 것. 참가자 전원이 평등한 위치에서 존중된다는 것. 참가자는 역할(선생님, 아버지 등)이 아닌 자신의 이름으로 불릴 것. 누가 어떤 발언을 해도 상관하지 않을 것. 다만 어느 정도의 예절은 갖출 것. 가능한 퍼실리테이터를 향해 이야기하고 다른 사람의 발언은 조바심을 내지 말고 끝까지 들을 것. 논의, 논쟁, 심문, 설득, 충고는 하지 않을 것 등이다.

참가자 전원이 최대한 다양한 의견을 내는 것이 바람직하며 한 가지 의견으로 금방 수렴되지 않게 하는 것이 가장 중요하다. 주의해야 할 점이 있다면, 대화는 일대일로 하지 않는다는 것이다. 반드시 복수 대 복수여야 한다. 그러면 가족이 세 명인 경우는 어떻게 해야 할까. 괜찮다. 최소 세 명만 있으면 대화가 성립할 수 있다. 이 부분에 관해서는 나중에 자세히 설명하겠다.

또 한 가지 중요한 원칙이 있는데, '불확실성의 내성'이다. 뭔가 까다로운 의미인 것 같지만 간단하게 말하면 '예측, 준비, 사전조사 없이 빈손으로 대화에 참여할 것'을 요구하는 말이다. 이것도 다시 한번 설명하도록 하겠다.

대화를 시작하기 전에 참가자 전원이 자기소개를 주고받는다. 대개 '나는 ○○○라고 합니다. ○○로 불러주세요'라고 하며 자신이 불리고 싶은 이름을 말한다. 자기소개가 끝나면 퍼실리테이터가 전원에게 말을 건넨다. "그럼, 오늘은 이 시간을 어떻게 보낼까요?" 하는 식이다. 간단하게 "무언가 이야기하고 싶은 사람이 있습니까?", "어떤 화제로 시작해볼까요?" 같이 시작해도 상관없다. 예, 아니오로 답하기 어려운 질문으로 시작하는 것이 아주 중요하다.

목적 없는 대화를 얼마나 계속할 수 있을지 의문이 생길 수도 있지만 사실 목적은 아주 분명하다. 대화의 목적은 '대화를 계속하는 것'이다. 어떤 화제가 됐든 가능한 깊이 파고들고 많이 전개하면서 이야기가 끝나버리지 않도록 주의를 기울이며 대화를 이어가는 것이다. 그래서 무언가 결론을 내리거나 어떤 문제에 대해 합의를 지향하거나 하는 결승점을 설정하지 않는다. 결론이나 합의는, 그 시점에서 대화가 종료된다는 점에서 오히려 바람직하지 않다.

그러면 대화가 계속 이어지도록 하기 위해 서로 어떻게 해야 할까. 간단하게 '옳고 그름을 논하지 않고', '객관성을 추구하지 않는다'로 정리할 수 있다. 기본적으로 대화를 통해 이루어지는 것은 '주관과 주관의 교환'이다. 대화의 상대가 어떠한 주관적 세계에 살고 있는지 그것을 본인의 입을 통해 자세하게 설명 듣는 것이다. 그 세계관이 아무리 이상하고 그릇된 것처럼 보일지라도 일단은 받아들인다. 반론이나 설득, 비판이나 논의는 절대 금지다. 왜냐하면 이것들은 결국 '올바름의 추구'인데 이를 시작하게 되면 대화는 얼마 가지 않아 끝나버리기 때문이다.

아무리 이해하기 어려운 주관이라도 좀 더 깊이 파고들어 보자. '그 생각의 바탕에 무엇이 있는지 조금 더 자세히 알려줬으면 합니다', '이 부분이 이해가 잘 가지 않는데 자세히 설명해 줄래요?' 하는 식으로 말이다. 필자를 비롯한 활동가들은 '알고 싶다'는 표현을 되도록 많이 사용하고 있다. 상대의 주관적 세계에 대해서는 본인이 가장 잘 알고 있기 때문에 듣는 이는 그것에 대해 알고 싶어 하는 자세('무지의 자세'라고 한다)를 취하는 것이 바람직하다.

대화 실천이 갖는 장점이 있다면, 어떤 주관에 대해 전문가가 '그것은 ○○이라고 하는 증상일지도 모르겠네요'라고 발언하는 것조차 인정되지 않는다는 점이다. 우선 전문가의 판단이라는 시점에서 '다 알고 있다는 듯한' 관점으로 이야기하는 것이므로 대등의 원칙에 반하기 때문이다. 또한 개인의 주관을 전문성이라는 틀 안에 넣는 것 자체가 그 개인의 존엄을 침해할 가능성이 있다. 오픈 다이얼로그의 실천에 있어 전문성이 아예 필요 없다고 할 수는 없다. 하지만 대화 실천 현장에서 곧잘 듣는 이야기가 '전문성은 벗어 던지라고 있는 것'이라는 말이다.

본론으로 돌아와서, 만일 자상적 자기애 경향을 가진 사람이 "나는 살아갈 가치가 없는 인간이기 때문에 빨리 죽어버리고 싶다, 차라리 누군가 나를 죽여줬으면 좋겠다"는 고민을 털어놓았을 때 "가치가 없다니 절대 그렇지 않아", "죽여줬으면 좋겠다니 그런 말을 하면 안 되지"와 같은 설득은 역효과다.

다만, 어디까지나 주관으로써 "나는 당신의 그런 점이 참 대단하다고 생각한다", "당신이 죽고 싶다는 생각을 하고 있다는 얘기를 들으니 마음이 너무 아프고 힘들다"는 등의 반응을 하는 것은 괜찮다. '나는 ○○라고 생각한다'는 말은 소위 말하는 아이 메시지인데, 이것도 너무 자주 쓰게 되면 설득의 어조로 들릴 수 있기 때문에 그 점은 주의해야 한다.

이야기가 한 단락 마무리 되거나 점점 이야기의 흐름이 막히는 분위기로 흘러가면, 이 시점에서 퍼실리테이터가 리플렉팅reflecting을 진행한다. 이것은 가족요법 기법의 하나다. 아주 간단하게 비유적으로 말하자면 '본인이 지켜보는 앞에서 그 사람의 뒷이야기를 하는' 상황을 연출하는 것이다. 다시 말해 두 명의 퍼실리테이터가 본인이 지켜보는 앞에서 지금까지 들은 이야기에 대한 감상을 서로 이야기하는 것이다. 앞서 예로 든 자상적 자기애 경향을 가진 사람의 고민을 들은 후라면 이런 식의 대화가 오고 갈 수 있다.

"(퍼실리테이터가 다른 참가자에게) 지금부터는 우리 두 명이서 대화를 나누도록 하겠습니다. 그 감상은 나중에 들어보도록 하고, 잠시 그대로 우리 이야기를 들어주시겠습니까? (퍼실리테이터가 서로 마주 앉아 이야기를 시작한다. 이후 다른 참가자 쪽은 보지 않는다) 그럼 그 이야기를 듣고 어떤 생각이 들었나요?"

　─"고민을 직접 들어보니, 자기 자신에 대해 그렇게 생각하고 있다면 본인은 분명 굉장히 힘들고 괴로울 것이라는 생각을 했습니다. 듣는 저까지 가슴이 아프다는 느낌이 들 정도입니다."

"그렇군요. 자기 자신을 책망하는 말이 너무 괴로워서 저도 숨이 막히는 것 같았습니다. 하지만 부모님에 대한 이야기를 할 때는 정말 배려가 넘쳐서 자신에게만 너무 엄격한 것 아닌가 하는 느낌을 받았습니다."

　ㅡ"실은 저도 일이 잘 풀리지 않거나 나 자신을 책망하고 싶은 기분이 들 때가 있습니다. 그래도 항상 힘들다는 생각만 들지는 않기 때문에 어떻게든 잘 지내고 있지만요. 하지만 이 분의 경우는 힘들다는 생각이 굳어져 일상이 되어버렸다는 생각이 들었습니다."

"맞아요. 계속해서 자신을 궁지로 몰아붙이는 것 같더군요. 장점이 많이 있을 텐데 그런 것은 안중에 없다는 점이 안타까웠습니다."

　ㅡ"정말 그럴까요. 저에게는 본인의 장점은 잘 이해하고는 있지만 단점이 압도적으로 많아 그 점에 대해 별로 이야기하고 싶지 않는 것처럼 보이더군요."

"과연 그럴 수도 있겠군요. 또 한 가지 마음이 쓰이는 것은 자신의 단점에 대해 혼자서 너무 많이 고민하는 것 아닌가 하는 점인데요."

　ㅡ"그건 맞는 말인 것 같네요. 저도 가끔 혼자서 너무 생각에 빠져 제자리를 맴도는 때가 있는데요. 친구나 동료

누구든 좋으니 큰 맘 먹고 고민을 털어놓는 것도 좋은 생
각이 아닌가 합니다."

"전문가나 카운슬러에게 상담을 받아봐도 괜찮을 것 같네
요…. 그럼 이쯤에서 본인의 감상이나 코멘트를 한 번 들어
볼까요. (당사자 쪽으로 몸을 돌려 앉는다)"

이렇게 본인이 지켜보는 가운데 본인을 빼고 주고받는 대
화에 어떤 의미가 있는 것일까. 일대일인 경우와는 달리 본인
이 그 자리에 없다는 전제로 뒷이야기를 하는 것이기 때문에
그냥 흘려들어도 좋고 이건 좋다 싶은 아이디어에 대한 감상
을 피드백해도 좋다. 리플렉팅을 직접 체험해보면, 그 자리에
서 언급되었던 자신에 대한 평가나 아이디어를 부담 없이 받
아들일 수 있어 그 효과를 통감할 수 있을 것이다. 적절한 조
언을 빙자해 억지로 밀어붙이는 태도가 전혀 보이지 않으므로
당사자가 자유롭게 아이디어를 선택할 수 있다.

엉뚱해 보이지만 효과적인 방법

대화 실천은 세 명이서도 가능하다. 구체적으로 클라이언트 한 명과 퍼실리테이터 두 명을 설정할 수 있다. 우선 퍼실리테이터 두 명이서 리플렉팅을 진행한다면, 이번에는 그것에 대해 어느 한 쪽의 퍼실리테이터가 다른 한 명의 클라이언트와 팀이 되어 감상을 서로 주고받는 형식이다. 결론적으로 리플렉팅 설정이 성립만 되면 된다는 이야기다.

여기까지가 이상적인 대화의 진행방식에 대한 대략의 설명이다. 물론 이 방식에 의해 당사자의 사고방식이 확 바뀌지는 않는다. 오히려 '어떻게든 나를 긍정적으로 평가하기 위해 애쓰는 것은 알겠지만 조금은 엉뚱해 보이고 장난 같다'는 감상을 자주 듣는다. 하지만 이것이 꼭 실패한 것이라고 여길 필요는 없다. 이러한 감상까지 모두 포함하는 대화 실천 프로세스의 진행에 가치를 두기 때문이다.

이미 말한 대로 대화 실천은 '대화가 계속 이어지는 것'을 목표로 하고 있다. 가장 바람직한 대화 실천 방식에서는 '폴리포니'를 중요하게 생각한다. 폴리포니라는 말은 자기애에 대한 해설에서도 한 번 설명한 적이 있다. 때로는 모순을 품는 다양한 요소가 (이 경우에는 '의견'이) 조화나 하모니에 의존하지 않고 서로 공존하는 상태를 말한다. 폴리포니의 이점은 여백이 많다는 것이다. 이 여백 안에서 클라이언트는 주체성이나 자발성을 회복하게 된다. 따라서 리플렉팅 시간에 두 퍼실리테이터의 상호 간 의견이 대립하거나 엇갈리더라도 문제가 되지 않는다. 오히려 퍼실리테이터의 견해가 너무 일치하는 것이 문제가 될 수 있다.

조언이나 어드바이스는 절대 금물이지만 리플렉팅에서 오가는 아이디어는 많이 권장되고 있다. 다만 '이것 아니면 저것' 방식이 아닌 '이것저것' 모두 다 포용하는 아이디어 방출 방식이 바람직하다. 클라이언트는 퍼실리테이터가 열심히 아이디어를 내놓는 모습을 관찰하면서 눈앞에 쌓이는 아이디어를 관망하다 마음 내키는 것이 있다면 취하고, 별로 마음에 드는 것이 없다면 그냥 듣고 흘리면 된다.

심한 망상을 호소하는 환자가 있다고 하자. 이 환자와 오픈 다이얼로그를 실천할 때 환자의 망상에서 오는 믿음에 대해 상대는 비판이나 반론을 하거나 부정하는 태도를 취해서는 안 된다. 그저 환자의 망상 속의 세계에 대해 자세히 파고들면 된다. 그러다 망상이 점점 부풀어 더 심각해지면 어쩌나 하는 걱정이 생길 수 있다. 하지만 신기하게도 그런 일은 일어나지 않는다. 오히려 망상이 무너지면서 사라지는 경우가 종종 있다.

경험상 망상은 반론하거나 부정할수록 점점 더 심각해진다.

어째서 대화만으로도 망상이 사라지는 것일까, 아직 그 이유는 자세히 알지 못한다. 단지 망상은 모놀로그, 즉 자문자답의 산물인 경우가 대단히 많다는 사실만 알려져 있을 뿐이다. 이것이 다이얼로그를 통해 일단 열리게 되면 망상으로는 더 이상 버티기 힘들어져 스스로 정상화하는 것이 아닌가 추측만 할 뿐이다. 자상적 자기애는 망상은 아니지만 마찬가지로 상당히 모놀로그적 관념이다. 따라서 이러한 사고방식을 다이얼로그로 확장시켜가는 것만으로도 효과를 기대할 수 있다.

이 오픈 다이얼로그야말로 대화라는 행위를 통해 이로운 프로세스를 산출해 내는 수법 가운데 가장 세련된 방법이라고 생각한다. 전형적인 패턴이 없기 때문에 프로세스가 어떤 식으로 작용하여 성과를 내는지 미리 계획하거나 예측하는 것이 불가능하다. 프로세스의 진행 과정 안에서 생기는 일종의 부산물에 의해 개선과 회복, 치유가 이루어진다. 이것이 바로 공식적인 오픈 다이얼로그의 성과인데, 여기에는 '고치려 들지 않아서 낫는다'는 아이러니가 존재한다. 병을 고치려 한다거나 성과를 올리려는 목표 지향적 방식은 반드시 이 공정에 지장을 준다.

오픈 다이얼로그 진행에 필요한 여러 가지 규칙은 '더 나은 프로세스'의 진행을 위해 정교하게 만들어졌다. 서로 대등한 입장에서 자유롭게 발언하는 것. 존엄을 존중하는 것. 논의, 설득, 어드바이스를 금지하는 것과 리플렉팅 이 모든 것이 서로 밀접하게 연결된 과정의 일환으로 도입되었다.

이런 여러 가지 이유에서 자상적 자기애를 안고 있는 사람들이 오픈 다이얼로그 프로세스를 체험하며 어떻게 변화해 가는지 미리 예상하는 것은 불가능하다. 다만 악순환에 빠지기 쉬운 자상적 자기애 상태에서 빠져 나와 조금 더 넓은 시야를 가지고 다양한 가치에 대해 함께 생각해 볼 기회를 제공할 수는 있을 것이다. 대화 실천의 프로세스에는 관계성이나 주체성의 회복, 새로운 내러티브에 의한 존엄이나 트라우마의 회복과 같은 요소가 모두 포함되어 있다. 이 과정을 통해 얻게 되는 폴리포니가 본래의 자기애가 가지고 있는 폴리포니를 상기시키는 결과를 기대할 수 있다.

그럼에도 이것을 '치료'라고 할 수는 없다. 참가자 모두가 존엄에 대해 생각하면서 신중하게 서로의 목소리에 귀를 기울이는, 치료라기보다 케어에 가까운 행위이다. 치료행위에는 고도의 전문성이 요구되지만, 앞서 말했던 것처럼 케어에 있어서만은 전문성이 지장을 초래하는 경우가 종종 있다. 그런 의미에서 필자는 '대화 실천은 누구나 가능하다'는 생각이다.

필자가 여기에서 치료와는 다른 문맥으로 오픈 다이얼로그의 응용을 제안하고자 했던 그 배경에는 이러한 기대가 있었다.

당신이 자상적 자기애의 당사자이든 아니든, 이 대화의 실천이 어떤 방식으로든 생활상의 힌트를 가져다줄 수 있기를 진심으로 기대한다.

：

고치려 들지 않아서 낫는다.

'자상적 자기애'와

마주하기

예상을 뛰어넘는 복잡하고 긴 여정이 됐지만 이 책도 드디어 마무리를 짓게 되었다. 늘 그렇듯, 미리 짜놓은 구성대로 책을 써내려갈 수는 없는 것 같다. 글을 써가는 중에 떠오르는 아이디어가 점점 확장하면서 몇 번이나 곁길로 새버리는 사이 우여곡절의 논지에 이른 적이 한두 번이 아니다. 스스로는 나름 일관된 스토리를 써왔다고는 하지만, 결국 무엇을 말하고자 하는지 이해하기 어려운 독자도 분명 있으리라 생각된다.

1장에서는 이른바 '인셀'과 '무적인'의 범죄를 다루었다. 이들은 좀 더 극단적인 형태의 자상적 자기애를 드러내고 있다. 그들은 스스로 자신감을 갖지 못하고 자기부정을 반복하는 사이 어떠한 계기로 자신을 궁지로 몰아넣으며 자승자박 상태에 이른다. 자기를 부정하는 감정이 폭주한 결과, 수많은 사람을 희생시키는 확대 자살이나 다름없는 묻지마 살인 등을 저지르는 것이다. 그 배경에 반사회적 의식이 깔려 있는 경우도 있지만, 사실 근본에 자리하고 있는 것은 '자기부정 = 사회 비판'이라는 관념이다.

재차 말하지만 이것은 자상적 자기애자의 범죄율이 높다는 의미가 절대 아니다. 오히려 낮다. 이런 범죄의 가해자가 어쩌다 뒤틀린 자의식을 갖고 있음을 우리가 알게 되는 것이다. 이 두 가지는 전혀 다른 별개의 문제다. 자상적 자기애의 대표적인 유형이 은둔형 외톨이다. 이들은 자신은 살 가치가 없다고 믿으며 자기 자신에게 가치가 없는 인간이라는 낙인을 찍어 멸시하고 때때로 자살관념을 입에 담는다. 다행히 실제 자살로 이어지는 경우가 그리 많지 않지만 '내가 못난 인간이라는 것은 그 누구보다 내가 가장 잘 알고 있다'는 의식, 높은 자존심과 낮은 자신감, 주위 사람이 자기를 어떻게 생각하는가에 관한 끊임없는 고민 등, 이 모든 것이 이들의 자기애에서 비롯된 자기 부정 때문이라는 하는 확신에 이르렀다.

자상적 자기애는 그 이름이 말해주듯, 자기애의 하나의 형태이다. 이것은 종래의 정신의학이나 정신분석에서는 거의 주목받지 못했다. 오히려 자기애라는 말 자체가 아직까지도 자기중심적, 제멋대로와 같은 의미로 인식되는 듯하다. 관련 서적을 읽어보아도 그렇지만, 지금 사회는 '자기애성 성격장애'라는 말이 너무 흔하게 쓰이고 있다. 하지만 필자 생각에는 자상적 자기애로 고민하는 사람이 이보다 훨씬 더 많다.

그래서 2장에서는 정신분석 상의 자기애 개념에 관한 역사를 한 번 더 되돌아보고, 이어 자기애의 자유로운 형태에 대한 라캉 이론과, 정신 건강에 있어 절대 빼놓을 수 없는 건강한 자기애의 기능을 위한 코헛 이론을 확인해보았다. 더 나아가 자상적 자기애의 구조 분석을 해보고 이것으로 인해 생길 수 있는 다양한 문제에 대해서도 검토해보았다.

그러면 자상적 자기애는 대체 어디서 생겨나는 것일까? 3장에서는 전후 정신사를 대략적으로 살피면서 신경증의 시대, 조현병의 시대, 경계선 성격장애의 시대, 해리의 시대, 발달 장애의 시대로 구분해 보았다. 2000년대 중반은 해리의 시대, 2010년대는 발달 장애의 시대라고 할 수 있다. 자상적 자기애자가 급증하는 현상의 배경에는 해리의 시대, 인정(관계) 의존, 커뮤니티 능력 편중, 캐릭터화 이 네 가지 요소가 작용했다.

2000년대 즉 '해리의 시대'가 성립하게 된 것은 심리학 대유행과 트라우마 대유행 등의 요인도 있지만, 특히 휴대전화와 인터넷 인프라의 폭발적 보급이 가장 중요한 요인으로 작용했다고 할 수 있다. 24시간 언제든 다수의 친구, 지인과의 연결이 가능한 상황은 SNS 같은 '인정(좋아요)의 가시화, 정량화 장치'의 보급과 함께 어우러지며 젊은이를 중심으로 많은 이들이 '인정(관계) 의존' 성향을 갖게 했다.

다만 이러한 '인정'은 살아있는 인간 자체의 인정이 아닌, SNS 상에서 아주 적은 정보량으로도 연출이 가능할 정도의 '캐릭터'에 대한 인정이 주류를 이룬다. 이러한 네트워크 환경에서는 공들여 캐릭터를 조작해 대량의 인정 수를 모을 수 있는 '커뮤니케이션 능력이 높은 개인'이 강자로 군림하게 된다. 이러한 가치관의 반전 현상으로 캐릭터가 빈약해 인정을 받지 못하는 커뮤니케이션 능력이 낮은(혹은 그렇게 여겨지는) 개인이 약자가 되는 것이다. 이러한 의미의 약자가 혼자 끌어안고 고민하게 되는 자기애가 바로 자상적 자기애다.

인정 의존이 '캐릭터로서의 인정'에 의존하는 것처럼, 자상적 자기애는 '캐릭터로서의 자신'에 대한 거부와 부정이다. 자상적 자기애자는 위와 같은 가치관에 근거해 '타인의 관심(인정)을 받지 못하는', '커뮤니케이션 장애를 가진(혹은 가졌다 착각하는)', '살 가치가 없는' 나라는 단순한 캐릭터를 만들어 그것을 철저히 공격한다. 여기서 부정당하는 것은 어디까지나 '캐릭터로서의 자신'이며 진짜 자신의 자기애는 그대로 유지하고 있다. 그렇기 때문에 이들은 궁지에 고립된 상황에서 이 관념을 지나치게 추구하다 실제로 자기파괴 행위를 하는 지경까지 내몰린다.

다음은 응용편이다. 자상적 자기애에 빠질 수 있는 가치관에 근거해 '신형 우울증', '발달 장애', '음모론'을 다뤘다. 이것에 이어지는 제 4장에서는 부모자식 관계가 자상적 자기애를 일으킬 가능성에 대해 검토했다. 어머니의 부정적 언동에 상처 입은 자상적 자기애자는 여성이 남성에 비해 훨씬 많다. 이런 경우 어떤 식으로 거리를 두는 것이 바람직한가에 대해 조금 자세히 다루었다.

5장은 자상적이지 않은 건강한 자기애란 무엇인가 하는 이야기가 주요 주제다. 지금은 많은 사람이 관심을 갖게 된 '자기긍정감'을 비판적 시선으로 언급하고, 이 책의 목적이 단순한 자기긍정감의 획득에 있지 않다는 점을 기술했다. 창작 행위는 의외로 낮은 자기긍정감이 많은 동기부여가 된다는 점과, 무리하게 끌어올려진 자기긍정감은 그 반작용도 크다는 점을 설명했다. 또한 자상적 자기애에 잠재되어 있는 '우생학적 사고'의 오류에 대해서도 다루었다. 상좌불교의 '아집을 버린다'는 가르침을 실천하는 데에는 많은 어려움이 따름에도 불구하고 어떤 이에게는 해결의 실마리를 줄 가능성이 있음을 언급하기도 했다.

건강한 자기애의 형태에 대해서는 나카이 히사오의 '자신이 세상의 중심이면서 동시에 세상의 일부에 지나지 않는다'는 인식에 의거해, '타인을 배려하면서도 하고 싶은 말은 하는' 자기주장 훈련assertion training을 소개하고 필자 자신의 자기애의 형태에 대해서도 간단히 소개했다. 건강한 자기애는 어떤 결과나 형편에 구애받지 않는 둔감함이 있고, 그 둔감함으로 인해 '애정'이나 '인정'에 낙관적으로 대응할 수 있는 특성이 있다. 결국 둔감함도 건강함을 만드는 주요 요소일지 모른다는 이야기다.

그 뒤를 이어 아라키 히로히코의 만화 〈죠죠의 기묘한 모험〉의 등장인물인 키시베 로한의 대사를 통해, 자기애란 '내가 너무 좋은 감정'이 아닌 '내 본연의 모습으로 있고 싶은 욕망'이라는 명제를 이끌어냈다. 성숙한 자기애를 구성하는 것은 자기긍정감뿐 아니라 자기비판, 자기혐오, 자존심, 자기처벌이라는 다양한 부정적 요소까지 포함한다. 여기에는 조화에 의존하지 않는 이질적 요소의 공존, 즉 폴리포니가 존재한다. 결국 자기애란 나다운 모습을 계속 유지하고 싶다는 폴리포닉

한 욕망의 프로세스를 의미한다. 이것이 이 책에서 말하고자 하는 자기애의 정의라 할 수 있다.

그러면 자상적 자기애를 어떻게 완화시킬 수 있을까? 그 방법에 대해 이야기하자면 제일 먼저 이 책의 목적이기도 한 '자각'을 들 수 있다. 이미 습관화 되어버린 자기부정, 자기비난의 배경에 '자기애'가 존재하고 있음을 깨닫는 것이다. 그 깨달음이 완화의 계기가 된 자상적 자기애자가 꽤 있을 것이라 상정하고 있으나, 이론만으로는 아무것도 할 수 없다는 현실에 실망하는 사람도 적지 않을 것이다.

이러한 사람에게는 환경 조정, 신체 케어, 득과 실 따져보기 등을 권장하고 있다. 가장 유익한 방법이라 할 수 있는 것은 역시 '대화 실천'이다. 핀란드에서 개발된 케어 방식·사상의 하나인 '오픈 다이얼로그'에서 그 힌트를 얻어 일상의 대화에 접목한 방법인데 이것을 통해 이미 꼬여버린 자상성이 조금씩 완화되는 것을 지켜봐왔다. 일단은 여기까지가 '해결편'에 해당한다.

새로운 나로 변화하기

자상적 자기애는 질병이 아니며 진단명도 아니다. 이것은 자기애의 특이한 형태의 하나일 뿐이며, 때때로 삶에 고통을 수반한다는 의미에서 해결과 지원의 대상이 된다. 하지만 모든 자상적 자기애가 해결되어야 한다거나 해결 가능하다고 생각하지는 않는다. 이것은 모든 은둔형 외톨이를 치료의 대상으로 인식하지 않는 것과 같은 이치다. 대체 무슨 의미일까.

만일 이 사회가 은둔의 자유를 용인한다면 은둔형 외톨이에 대한 편견이 줄어들고, 자기 자신을 향한 편견 때문에 은둔형 외톨이가 되어 괴로운 삶을 사는 사람도 함께 줄어들 것이다. 그런 의미에서 은둔형 외톨이를 이 사회가 용인하면, 그것이야말로 은둔형 외톨이 관련 대책의 궁극의 해법이 될지 모른다. 자상적 자기애의 경우도 마찬가지다. 자신을 지속적으로 상처 입히는 습관은 사람을 대단히 지치고 힘들게 한다.

하지만 이것도 하나의 자기애의 변형이라고 받아들여야 하지, 모두 싸잡아 부정한다한들 아무 소용이 없다. 우선 그러한 고통이 존재한다는 것을 인정하고 나서 어떻게든 해보려는 사람에게 실천 가능한 아이디어를, 좀 더 심각한 케이스라면 치료를 제공해야 한다. 전문가가 할 수 있는 것은 여기까지다.

이 책에서 자기애를 '자기 본연의 모습으로 있고 싶은 욕
망'이라고 정의했다. '자기 본연의 모습이고 싶다'는 것은 자
기 동일성(아이덴티티)을 가지고 싶다는 욕망이기도 하지만 꼭
거기에 한정되는 것은 아니다. '자기 본연의 모습'이란 자신의
역사적 연속성과 공간적 자리매김뿐만 아니다. 신체적 종합성
이나 자아와 타아의 경계의 내면에 머무르는 것, 또는 자기 자
신의 성장 가능성까지 모두 포함한다. 더 나아가 자기 자신의
장점과 단점, 고집도 포함한다. 그런 의미에서, '자기'를 향한
욕망과 발전적 프로세스 그 자체를 자기애라 불렀으면 한다.

자기애는 우리가 살아가는 데 있어 절대 빼놓을 수 없는 것
이다. 설령 당신이 자상적 자기애로 힘들다 하더라도 자기애
는 반드시 당신을 지켜주는 소중한 버팀목이 될 것이다. 이 사
실을 절대 잊지 말기 바란다.

자상적 자기애는 질병이 아닐뿐더러 이상성격이나 인지부
조화에서 오는 문제도 아니다. 자기 자신을 사랑하는 법을 잘
모르는 사람이 어쩌다 헤매게 된 미로 같은 것이다. 그 원인의
대부분은 환경에 있다. 정직하고 성실한 사람일수록 이 미로
에서 고통을 받는 사람이 많다.

이러한 고통을 안고 있는 사람이 당신 혼자가 아니며 적어
도 당신이 생각하는 것 이상으로 많이 있다는 것을 알려주고

싶다. 여기서 중요한 것은 이 고통은 뿌리가 깊어 도무지 감당이 안 될 정도는 아니라는 점과, 그 경위나 메커니즘에서 해결의 방향성이 보인다는 점이다.

자상적 자기애로 고민하는 수많은 사람이 자기 자신을 부정, 비판하고 타인과 비교하는 방법으로 변화를 시도한다. 하지만 이것은 정말 얄궂게도 '못난 자신'이라는 캐릭터를 더욱 고정시키는 결과를 낳는다. 오히려 자기 본연의 모습을 향한 욕망, 즉 자기애를 소중하게 여기는 것이 성장과 성숙이라는 바람직한 변화를 부른다. 무엇보다 먼저 자기 자신을 잘 돌보고 배려하고 공감하자. 그리고 가까운 사람과 대화를 계속 이어가자. 이것들이 축적되면 언젠가 '새로운 나 자신'으로 변화하게 될 것이라 확신한다.

이 책이 자상적 자기애로 고통 받는 당신에게 조금이나마 도움을 줄 수 있다면 그보다 더 기쁜 일은 없을 것이다.

참고문헌

- 「殺人事件の発生状況」『法務総合研究所研究部報告50』法務省　https://www.moj.go.jp/content/000112398.pdf
- 「おや子で科学　若者による殺人」『朝日小学生新聞』2008年 4月 6日 https://www.asagaku.com/shougaku/oyako_kagaku/kako/04/0406.htm
- 湯浅誠『反貧困──「すべり台社会」からの脱出』岩波新書、2008年
- 「特集　進撃の巨人」『BRUTUS』2014年 12月 1日号、マガジンハウス　Mental Health Professionals Warn About Trump, The New York Times 2017.02.13
- バンディ・リー編、村松太郎訳『ドナルド・トランプの危険な兆候──精神科医たちは敢えて告発する』岩波書店、2018年
- ハヴェロック・エリスとパウル・ネッケの文献　Ellis, H. Auto-erotism: A psychological study. Alienist Neurol., 19, 260-299. 1898. Näcke, P. Kritisches zum Kapitel der normalen und perversen Sexualität. Archiv für Psychiatrie und Nervenkrankheiten.32, 356-386,1899.
- ジークムント・フロイト　渡邊俊之ら訳「症例「ドーラ」・性理論三篇」『フロイト全集 6 1901-06年』岩波書店、2009年
- ジャック・ラカン　宮本忠雄ら訳「鏡像段階について」「〈わたし〉の機能を形成するものとしての鏡像段階」『エクリⅠ』弘文堂、1972年
- ジークムント・フロイト　鷲田清一責任編集「処女性のタブー・子供がぶたれる」『フロイト全集16 1916-19年』岩波書店、2010年
- 丸田俊彦『コフート理論とその周辺──自己心理学をめぐって』岩崎学術出版社、1992年
- 熊谷晋一郎「自立とは「依存先を増やすこと」」全国大学生協連ウェブサイトhttps://www.univcoop.or.jp/parents/kyosai/parents_guide01.html
- 大澤真幸『戦後の思想空間』ちくま新書、1998年
- 渡部昇一『知的生活の方法』講談社現代新書、1976年
- エリク・H・エリクソン　小此木啓吾訳編『自我同一性──アイデンティティとライフ・サイクル』人間科学叢書、誠信書房、1973年
- 斎藤環『心理学化する社会──癒したいのは「トラウマ」か「脳」か』河出文庫、2009年
- それいけ!!ココロジー編『それいけ×ココロジーレベル(1)──真実のココロ』青春出版社、1991年
- 河合隼雄『こころの処方箋』新潮社、1992年
- クリストファー・ノーラン『ダークナイト』、ワーナー・ブラザース映画、2008年
- 岸見一郎、古賀史健『嫌われる勇気──自己啓発の源流「アドラー」の教え』ダイヤモンド社、2013年
- 斎藤環『承認をめぐる病』ちくま文庫、2016年
- 「就活自殺」を救えるか…「大量エントリー・大量落ち」の残酷な現実」現代ビジネス、2019年 11月 26日 https://gendai.media/articles/-/68592?imp=0
- 松本俊彦『自傷行為──その理解と援助』思春期学 31(1)：37-41、2013年
- 鈴木翔『教室内スクールカースト』光文社新書、2012年
- 本田由紀『若者と仕事──「学校経由の就職」を超えて』東京大学出版会、2005年
- 信田さよ子『アダルト・チルドレン──自己責任の罠を抜けだし、私の人生を取り戻す(ヒューマンフィールドワークス)』学芸みらい社、2021年
- 信田さよ子『母が重くてたまらない──墓守娘の嘆き』春秋社、2008年

284

- 田房永子『母がしんどい』角川文庫、2020年
- 高石浩一『母を支える娘たち――ナルシシズムとマゾヒズムの対象支配』日本評論社、1997年
- 遠藤利彦『入門アタッチメント理論――臨床・実践への架け橋』日本評論社、2021年
- 信田さよ子「「自己肯定感」にこだわる母親たち、わが子を息苦しくさせるワケ「世代間連鎖」を防ぐ子育て論〈番外編〉」現代ビジネス、2019年11月3日 https://gendai.media/articles/-/68128
- 斎藤環『キャラクター精神分析――マンガ・文学・日本人』ちくま文庫、2014年
- 森口朗『いじめの構造』新潮新書、2007年
- 瀬沼文彰『キャラ論』STUDIO CELLO、2007年
- 中井久夫『精神科医がものを書くとき』ちくま学芸文庫、2009年
- 斎藤環『母は娘の人生を支配する――なぜ「母殺し」は難しいのか』NHKブックス、2008年
- アーロン・アントノフスキー　山崎喜比古ら監訳『健康のを解く――ストレス対処と健康保持のメカニズム』有信堂高文社、2001年
- Stolorow RD：Toward a functional definition of narcissism. The International Journal of Psychoanalysis 56：179-185, 1975.
- ミハイル・バフチン　望月哲男ら訳『ドストエフスキーの詩学』ちくま学芸文庫、1995年
- マーティン・セリグマン　宇野カオリ監訳『ポジティブ心理学の挑戦――〝幸福〟から〝持続的幸福〟へ』ディスカヴァー・トゥエンティワン、2014年
- 「私の心理臨床実践と「自己肯定感」」高垣忠一郎退職記念最終講義より　立命館大学、2009年
- 「子ども・若者白書」内閣府　平成二十六年版山口路子『サガンの言葉』だいわ文庫、2021年
- 太宰治「自信の無さ」『太宰治全集10』ちくま文庫、1989年
- 斎藤環『博士の奇妙な思春期』日本評論社、2003年
- アルボムッレ・スマナサーラ『無常の見方――「聖なる真理」と「私」の幸福』サンガ新書、2009年
- 斎藤環、坂口恭平『いのっちの手紙』中央公論新社、2021年
- 坂口恭平『自分の薬をつくる』晶文社、2020年
- 坂口恭平『よみぐすり』東京書籍、2022年
- スティーブン・R・コヴィーフランクリン・コヴィー・ジャパン訳『完訳7つの習慣――人格主義の回復』キングベアー出版 2013年
- 《ひきこもり関連》斎藤環、畠中雅子『新版 ひきこもりのライフプラン――「親亡き後」をどうするか』岩波ブックレット、2020年
- 斎藤環『改訂版 社会的ひきこもり』PHP新書、2020年
- 斎藤環『中高年ひきこもり』幻冬舎新書、2020年
- 斎藤環『「負けた」教の信者たち――ニート・ひきこもり社会論』中公新書ラクレ、2005年
- 《オープンダイアローグ関連》水谷緑、斎藤環『まんがやってみたくなるオープンダイアローグ』医学書院、2021年
- ヤーコ・セイックラ、トム・アーンキル著、斎藤環監訳『開かれた対話と未来――今この瞬間に他者を思いやる』医学書院、2019年
- 斎藤環『オープンダイアローグとは何か』医学書院、2015年
- 小林秀雄『道徳について』『小林秀雄全作品13 歴史と文学』新潮社、2003年
- 荒木飛呂彦『ジョジョの奇妙な冒険』集英社 ジャンプコミックス

생각정거장

생각정거장은 매경출판의 브랜드입니다. 세상의 수많은 생각들이 교차하는 공간이자 저자와 독자가 만나 지식 여행을 시작하는 곳입니다.

자해하는 자기애

초판 1쇄 2024년 7월 12일

지은이 사이토 타마키
펴낸이 허연
편집장 유승현 **편집2팀장** 정혜재

책임편집 이예슬
마케팅 김성현 한동우 구민지
경영지원 김민화 오나리
디자인 이은설

펴낸곳 매경출판㈜
등록 2003년 4월 24일(No. 2-3759)
주소 (04557) 서울시 중구 충무로 2 (필동1가) 매일경제 별관 2층 매경출판㈜
홈페이지 www.mkbook.co.kr
전화 02)2000-2630(기획편집) 02)2000-2646(마케팅) 02)2000-2606(구입 문의)
팩스 02)2000-2609 **이메일** publish@mk.co.kr
인쇄·제본 ㈜M-print 031)8071-0961
ISBN 979-11-6484-694-8 (03180)